[澳] 梅兰妮·奥本海默
[澳] 卡罗琳·柯林斯 著
陈阳 译

亨利·波默罗伊·戴维逊

红十字会与红新月会国际联合会创始人

亨利·杜南协会
红十字会与红新月会国际联合会
苏州大学出版社

图书在版编目（CIP）数据

亨利·波默罗伊·戴维逊／（澳）梅兰妮·奥本海默，（澳）卡罗琳·柯林斯著；陈阳译. —苏州：苏州大学出版社，2022.6
ISBN 978-7-5672-3994-4

Ⅰ.①亨… Ⅱ.①梅… ②卡… ③陈… Ⅲ.①亨利·波默罗伊·戴维逊-传记 Ⅳ.①K837.125.31

中国版本图书馆 CIP 数据核字（2022）第 101088 号

著作权合同登记号　图字：10-2022-286 号

书　　名	亨利·波默罗伊·戴维逊
著　　者	（澳）梅兰妮·奥本海默　（澳）卡罗琳·柯林斯
翻　　译	陈　阳
责任编辑	王　娅
装帧设计	刘　俊
出版发行	苏州大学出版社（Soochow University Press）
社　　址	苏州市十梓街1号　邮编：215006
印　　刷	镇江文苑制版印刷有限责任公司
邮购热线	0512-67480030
销售热线	0512-67481020
开　　本	710 mm×1 000 mm　1/16　印张：8.25　插页：2　字数：69千
版　　次	2022年6月第1版
印　　次	2022年6月第1次印刷
书　　号	ISBN 978-7-5672-3994-4
定　　价	40.00元

图书若有印装错误，本社负责调换
苏州大学出版社营销部　电话：0512-67481020
苏州大学出版社网址　http：//www.sudapress.com
苏州大学出版社邮箱　sdcbs@suda.edu.cn

本书由亨利·杜南协会及红十字会与红新月会国际联合会共同编撰,以纪念国际联合会成立100周年(1919—2019年),并于第33届红十字与红新月国际大会(2019年12月9日至12日在日内瓦举行)期间发布。

入选《亨利·杜南典藏》(亨利·杜南协会),编号第50。

本书得到了以下机构支持:
红十字会与红新月会国际联合会
红十字国际委员会
瑞士联邦
卡塔尔红新月会
日内瓦某私人基金会

本书已翻译成不同语言,各语言版本及翻译作者如下:
法语译本——罗伯特·詹姆斯·帕森斯
西班牙语译本——佐莱达·巴列斯特罗斯·德·格雷罗、丹尼尔·格雷罗和丹妮拉·格雷罗
阿拉伯语译本——卡塔尔红新月会
法语和西班牙语翻译工作协调人员:罗杰·杜兰德和瓦莱丽·拉西翁

封面设计:瓦莱丽·拉西翁

特别感谢亨利·M. 戴维逊二世向我们开放其家庭档案,并允许国际联合会发布其家庭照片。

封面:《亨利·波默罗伊·戴维逊》(油画作品)
内封:亨利·波默罗伊·戴维逊,1918
(1922年6月13日召开的银行家信托公司董事会,HPD Papers, Box 4, NAA, Washington DC)

© 2019
红十字会与红新月会国际联合会
地址:Chemin des Crêts 17 CH-1209 Genève
网址:www.ifrc.org

亨利·杜南协会
地址:Route du Grand-Lancy 92 CH-1212 Grand-Lancy
网址:www.shd.ch

版权所有
ISBN 978-2-88163-102-9

中译版序言
Introduction

  2019年12月,在红十字会与红新月会国际联合会(以下简称"国际联合会")成立100周年之际,我到瑞士日内瓦出席国际联合会全体大会。为表达对其创始人亨利·波默罗伊·戴维逊先生的敬意,国际联合会向出席会议的各国代表赠送了此书(英文版)。

  这本书帮助我了解到戴维逊先生极具传奇色彩的一生:从普通的小镇青年到纽约银行界的"璀璨之星",从没有上过大学的银行职员到获得美国八所高校荣誉法学博士学位的银行家,从美国红十字会志愿者到国际联合会创始人和首任理事会主席,他在追逐人道主义梦想的道路上信念笃定、勇毅前行。红十字会协会(红十字会与红新月会国际联合会前身)的诞生离不开他的决心、热情、乐观和创新精神,他的一生值得我们追忆和怀念。

  100多年前,欧洲同时经历了第一次世界大战的战火摧残和造成数千万人死亡的大流感袭击,大部分地区经济凋零、疫病横行,人民生活困苦、颠沛流离。戴维逊先生怀着"成立一个国际救济组织为整个人类福祉做出贡献"的理想，凭借自身卓越的资源动员能力、杰出的协调能力和永不放弃的精神，克服了一系列困难与阻碍，团结了一些致力于成立一个国际红十字组织的有志之士和国家红会，于1919年5月5日在巴黎创建了红十字会协会。中国红十字会等一批国家红会当年即加入，成为红十字会协会的早期成员。自此，世界人道主义事业进入一个全球联动的、崭新的历史阶段。

经过102年的历程，红十字会协会已发展壮大为拥有192个成员国的红十字会与红新月会国际联合会，成为世界最大的人道主义组织。在中国人民争取民族独立和人民解放、建设新中国、进入改革开放新时代、踏上建设社会主义现代化国家新征程的各个历史时期，国际联合会都为我国人道事业发展提供了重要援助，而中国红十字会也对国际联合会的发展做出了贡献，特别是党的十八大以来，对国际联合会和多国红会提供了更为有力的支持，得到了国际红十字与红新月运动同事们的高度认可。值得一提的是，在红十字国际委员会和国际联合会的支持下，中国红十字会联合苏州大学创办了红十字国际学院和东吴国际人道论坛，在为中国红十字运动培养人才的同时，也为国际人道主义工作者更好发挥作用提供了一个研究培训交流的重要基地。今天，红十字会与红新月会国际联合会的工作人员及志愿者们，不忘初心和使命，高举"人道、公正、中立、独立、志愿服务、统一、普遍"的国际红十字与红新月运动七项基本原则之旗帜，面向全球重大人道领域的共同挑战和各国人道主义的具体需求，以忘我的牺牲精神活跃在世界各地，在改善全球医疗卫生条件、预防控制疾病发生和流行、重大灾害救援、应急救护提供、减轻人类痛苦、提升人类福祉、促进国际合作与世界和平发展等方面发挥着重要作用。

当前，新冠肺炎疫情仍在全球肆虐，气候变化带来的挑战突出，地区热点问题频发，难民和身份识别问题复杂，性别和包容性问题凸显，人道主义工作面临诸多挑战，同时也具有信息化转型、筹资方式变革、青年志愿者参与度提升等有利因素。一定意义上说，新冠肺炎疫情倒逼了全球红十字事业的改革和发展进程，为红十字与红新月运动注入了新的活力。在战争和1918年大流感背景下诞生的国际联合会，秉承建会宗旨与原则，践行职责与使命，与各国红十字会和红新月会携手，共同开展抗击疫情及其他人道主义救助工作。抗疫之初，国际联合会和多国红会即向中国红十字会伸出援手。中国红十字会及全国红十字系统的同人们坚持"人民至上、生命至上"，集中资源和力量驰援抗疫一线，为打赢疫情防控阻击战提供有力支持：募集捐赠款物265亿元人民币，其中，为湖北、武汉一线购置了2 600余台（套）重症监护病房设备、400多辆负压救护车，提供个人防护用品共1 500余万件，为火神山、雷神山医院建设捐助2亿多元人民币，为不幸染疫和牺牲罹难的医护人员发放人道慰问金4亿多元人民币，组织重症患者转运车队转运患者1万余人次，共动员捐献恢复期血浆57万毫升，为一线救治重症患者提供有效的单克隆抗体药物，有力支持了一线防疫抗疫工作。在我国"武汉保卫战""湖北保卫战"取得战略性成果之际，中国红十字会又先后向伊朗、伊拉克、意大利派出高水平专家组，并赠送了大批防护用品、诊断试剂和设备等物资，支持这三个疫情严重国家的抗疫。疫情发生以来，中国红十字会已向50多个国家提供了各类抗疫物资和疫苗援助，其中，各类口罩700余万只，防护服和护目镜16 000余件，各类医疗设备500余台（套），检测试剂盒约13万人份，新冠疫苗140余万剂，尤其是在今年春季南亚地区因德尔塔变异毒株导致疫情急剧上升之际，中国红十字会响应国际联合会呼吁，又向印度、尼泊尔等疫情严重的南亚国家提供了紧急援助，得到了国内各界人士和国际红十字与红新月运动同事们的高度评价。两年来的抗疫历程,让我们更加真切地感受到人道精神的力量,也让我们不禁再次追忆起戴维逊先生传奇而光辉的一生,感念他所创立的这份崇高而伟大的事业。

中国国家主席习近平深刻指出:人道主义事业是全人类共同的事业,相信红十字精神将不断发扬光大。面对百年变局和世纪疫情,今天,我们更需要千千万万个像戴维逊先生一样秉持人道主义精神、以造福全人类为己任并为之不懈奋斗的人。戴维逊先生的非凡功绩将永远铭刻于历史长河中,鼓舞国际联合会和所有致力于人道主义事业发展的人们,为保护生命健康、保障人类尊严、促进世界和平进步事业而不懈努力。

全国人大常委会副委员长

红十字会与红新月会国际联合会副主席

中国红十字会会长

陈竺

2021 年 11 月

前言

纵观历史及现在，总有一群具有远见卓识的人物，能够真正改变未来。亨利·戴维逊就是这样一位伟人。第一次世界大战结束时，他的构想孕育了我们深深热爱的红十字会与红新月会国际联合会。他曾在"一战"时期服务于美国红十字会，此后进一步提出自己的愿景，即建立一个全球国家红会网络，一个不再是仅由日内瓦方面领导的国际组织，而是掌握在所有国家代表们手中的组织。用他的话说，就是"新血液、新方法、全新且更全面的前景，这些都是必要的"。

这正是亨利·戴维逊的愿景，他基于此创建了红十字会协会[译者注：红十字会协会（League of Red Cross Societies），又译为"红十字会联盟"，为红十字会与红新月会国际联合会的前身]。该协会于1919年5月5日在巴黎正式成立，其主要宗旨是鼓励和促进在世界各个国家建立和发展一个获经准许的国家红十字志愿组织，以在全世界范围内改善卫生状况、防止疾病、减轻痛苦为首要重点，并确保国家红会在行动中开展合作。

今天的红十字会与红新月会国际联合会仍充分肯定亨利·戴维逊为实现这一重要目标所做的努力，即建立第一个有组织的人道服务系统，为应对自然灾害和紧急情况做好准备。一百年后，他的愿景仍然具有价值，并且至关重要。

现在，红十字会与红新月会国际联合会拥有191个国家红会成员和1 200万名志愿者（译者注：此为截至2019年的数据。本书中红十字会与红新月会国际联合会的志愿者人数因统计年份不同等原因，数字各有差异）。志愿者们做出人道主义承诺，每天都在为有需要的人提供志愿服务。

相较于成立之初的红十字会协会，如今的国际联合会职责更为广泛。然而，该组织的工作核心从未改变，即对人类的关注及做好充分准备以便在灾难发生时及时应对。

2019年，红十字会与红新月会国际联合会很荣幸地在戛纳庆祝其百年诞辰，当时召开了一次关于健康和气候变化的高级别会议，回顾国际红十字运动如何作为先锋力量，应对当今面临的巨大人道主义挑战。

庆祝红十字会与红新月会国际联合会成立一百周年,向亨利·戴维逊这样的标志性人物、志愿者和国家红会致敬。我坚信,世界需要一个更强大的国际联合会,以便能够更好地为弱势群体服务。我们将追随着前人的脚步,像亨利·戴维逊、亨利·杜南、斯蒂维耶雷堡的女性,以及160年来信守"大家都是弟兄"(意大利语:Tutti Fratelli,英语:All brothers)这一箴言的红十字与红新月的男男女女们那样,携起手来,共同实现这个目标。

红十字会与红新月会国际联合会主席
弗朗西斯科·罗卡

目录
Contents

第一章　青年时期　/ 001

第二章　银行家生涯　/ 011

第三章　在战争中发现红十字的世界　/ 027

第四章　红十字会协会　/ 041

第五章　去世及以后　/ 069

亨利·波默罗伊·戴维逊大事记　/ 085

史料文献　/ 095

第一章
青年时期

哈利·戴维逊站在人生的十字路口。被哈佛大学拒之门外，又被舅舅以不具备在家族银行工作的"正确"品格为由而解雇，他离开了宾夕法尼亚州特洛伊的家，前往纽约市寻求名利。[1]然而，华尔街对一个没有大学学历的小镇青年不感兴趣。积蓄花得差不多了，工作前景一片黯淡。这名21岁的年轻人来到康涅狄格州的布里奇波特，在那里，他向一位老同学寻求帮助。[2]

"晚上他把我介绍给了他的父亲，他父亲是一名杂货贸易商及佩克诺克国家银行（Pequennock National Bank）的董事成员，"戴维逊后来回忆说。"杂货店需要一个小伙子，"同学的父亲说，"我听说银行也有一个空缺职位，你自己决定吧。"[3]戴维逊选择了银行，担任听差一职，收入不错，月薪41.67美元。后来发生的事情众所周知了。在接下来的十几年里，戴维逊雄心勃勃，决心证明舅舅当年的决定是错误的。他朝着美国银行业的最高处攀登。三年后，他如愿以偿前往纽约市工作，并在33岁那年成为美国最年轻的银行行长。

1908年，银行业大亨约翰·皮尔庞特·摩根向他抛出橄榄枝，邀请他成为公司合伙人,并担任自己的左右手。人们断言,戴维逊将成为"金融界的新势力"。[4]

六年后,第一次世界大战在欧洲爆发,亨利·波默罗伊·戴维逊正处在人生的巅峰时刻(戴维逊在受洗时取名哈利,开启商业生涯后,他以亨利·波默罗伊·戴维逊或亨利·P. 戴维逊自称)。戴维逊身价千万,坐拥公园大道和长岛两处房产,游走于大西洋两岸的贵族、政治家和商业大亨之间。他坚持认为,他的成功没有秘诀,只有勤奋、常识和务实:

> 无论我从事什么工作,在我看来,它都是世界上最好的工作,我努力做到极致。我不为未来做详细规划。如果非要找出一套工作体系,我认为:第一,做好本职工作;第二,教下级如何将我取而代之;第三,学习如何晋升更高职位。[5]

戴维逊的一生极具魅力,见过他的人都表示从未感受到他有丝毫傲慢。尽管人们时常质疑他的商业行为,但无不对他友好的待人态度和脚踏实地的行事风格推崇备至。"他为人绝不冷漠,"《纽约论坛报》财经编辑在他去世后回忆道,"我作为报社记者里最年轻的一员,也能够得到他的平等对待和友好问候。"[6]

特洛伊的生活

出生于美国小镇，后成为华尔街璀璨之星，戴维逊的经历可谓美国成功故事的典范，充满"拓荒精神和浪漫气质"。[7] 无疑，纽约的都市生活明显不同于戴维逊早年在特洛伊的生活。特洛伊是一座乡村小镇，坐落于山谷中，被延绵起伏的群山环抱，靠近纽约州边界。小镇的名字源于传说中的特洛伊之战，它在美国内战期间是北方军队的一处集结点。内战结束两年后，戴维逊于1867年6月13日出生。特洛伊还是周边农业区的集散中心，农户们在此出售农产品，收入所得存入戴维逊四个舅舅经营的波默罗伊兄弟银行。[8] 似乎，银行事业存在于家族基因中。

然而，戴维逊的经历并非"白手起家"的典型故事。尽管不是含着金汤匙出生，但他并非生来贫穷。虽然童年时期的家只有两层楼高，比不上位于公园大道的豪宅，但也绝对不是破木屋。在大家眼中，父亲乔治·B.戴维逊是一名"成功的商人"和"发明家"，工作需要频繁出差；母亲亨利埃塔·布利斯·波默罗伊·戴维逊来自当地颇有名望的银行家族，该家族支撑着特洛伊地区的金融和市政行业。[9]亨利埃塔于33岁时去世，孩子们分别由不同的亲戚抚养，家族命运由此发生了变化。[10]大哥爱德华跟着父亲生活，年仅8岁的哈利与两个妹妹玛丽和小亨利埃塔被母亲的大家族收养。[11]那是一段令人不安的时光。玛丽后来回忆起一个故事：10岁的哈利敲响外祖母的房门，询问是否可以跟她一起睡。他害怕一个人睡觉。最后他横在外祖母的床尾睡着了。[12]哈利和外祖母露辛达·波默罗伊关系亲密，露辛达于1904年去世，享年93岁。随后，哈利和妹妹们搬到了舅舅梅里克的家中。梅里克是个有虔诚信仰的威权主义者，对孩子几乎没有耐心，深信体罚是有效的教育方式。但是戴维逊天生外向，喜欢恶作剧，戴维逊感觉自己"不断被羞辱"。[13]

教育

戴维逊就读于特洛伊公立学校，15岁时毕业。毕业那年的夏天，他在一所仅有一间教室的乡村学校教书。很多学生比他年长，身材也比他高大。后来，他被问到是否与学生打过架，戴维逊回答道："他们从来没有打过我，但我日夜担心，害怕他们打我。"[14]在外祖母的资助下，他前往位于马萨诸塞州威廉姆斯镇的格雷洛克专科学校继续学习，仅用两年时间就完成了为期三年的课程，以优秀毕业生的身份在毕业典礼上致辞，也结交了许多一生的挚友。[15]每到假期，他要么帮舅舅擦洗银行窗户，要么在特洛伊附近的农场打工。多年后，戴维逊作为美国红十字会领导人与农民们会面，在得知这位衣冠楚楚的华尔街银行家至少还会给奶牛挤奶后，他们的疑虑打消了。[16]之后，他想去哈佛大学读书，申请外祖母家族设立的家族奖学金，但由于血缘关系太远，未能成功。舅舅们原本可以资助他的学业，但是出于某种原因，并没有伸出援手。在后来的报道中，戴维逊表示，自己把读大学的机会让给了妹妹们，因为"我不上大学也可以养活自己，而她们需要通过'一纸文凭'来谋生"。[17]无论真相如何，这个故事揭示了他关心社会正义的一面，这种价值取向充分体现在他随后的红十字会工作中。此外，戴维逊还证明了一点：没有大学学历并非成功路上的绊脚石。

初入职场

戴维逊完成正规教育，开始在舅舅的银行工作。这份工作本可以做一辈子，但事实并非如此。戴维逊的朋友、同事兼第一传记作者托马斯·拉蒙特表示,哈利充满雄心壮志,绝不满足于乡村银行职员的人生,他只是没有更多的选择。两年后,戴维逊厌倦了日常工作,看不到晋升的希望,开始申请哈佛大学。在舅舅的眼里,这个决定毫无用处,只能说明他为人不牢靠。没有申请到奖学金,戴维逊重回特洛伊,也失去了工作。在一次简短的对话中,舅舅说他是个"不安分的人,性格多变,无法取得成功。银行界容不下这些品质"。[18]

深陷窘境,却点燃了戴维逊的斗志。他离开了特洛伊。后来,一位记者回忆了他在波默罗伊兄弟银行工作时的轶事:每天锁上保险柜,关闭银行大门后,亨利·戴维逊喜欢吹奏笛子、敲击小军鼓、拉小提琴。这些绝非波默罗伊银行家族的传统。戴维逊没有反驳这个故事。有人问他:"你的舅舅认为你会成为一名优秀的银行家吗?""他从来没有往这方面想过,"戴维逊回答,"他拥有良好且无可争议的学识,这是我不具备的。"[19]

戴维逊启程前往康涅狄格州布里奇波特,幸运的是,在那里有两份工作等待着他。在这里,他结识了经营马戏团的企业家菲尼亚斯·T.巴纳姆并跻身其社交圈。他还遇到了自己未来的妻子凯特·特鲁比。尽管人们对舅舅们如何看待戴维逊的成功不得而知,戴维逊却从未忘记自己的故乡——特洛伊。他一生多次回到故地，慷慨捐赠，默默支持故乡的市政项目，包括格伦伍德公墓修缮项目，他的许多先辈都埋葬在这个公墓里。1918 年，他作为美国红十字会战时委员会主席结束对欧洲的访问后回到特洛伊，一群当地商人设晚宴款待他，甜点是以他的名字命名的"戴维逊冰激凌"，还展示了一本相册集锦，记录了对青年戴维逊具有重要意义的地点，其中就有波默罗伊兄弟银行。[20] 人们没有忘记他。小镇的绿地公园也以他的名字命名，纪念他生前规划和资助的市区美化工程。2011 年，他被追授荣誉并入选特洛伊学校基金会杰出校友会。尽管他从未上过哈佛大学，却获得了美国 8 所学院和大学的荣誉法学博士学位。[21]

如果没有其他选择，戴维逊可能会迫不得已到杂货店工作，但这个工作绝对不可能成为他的毕生事业。尽管他的舅舅没有预见到，但亨利·戴维逊注定要成为一名银行家。

第二章
银行家生涯

1908年11月的一个下午,天气寒冷,亨利·波默罗伊·戴维逊被召到J.P.摩根图书馆。该建筑位于麦迪逊大道,由大理石砌成,外形宏伟,采用古典设计风格,是银行家摩根的私人图书馆,还藏有许多稀有艺术品、书籍和手工艺品。

当时,戴维逊正担任纽约第一国民银行的副总裁,是纽约市的一颗冉冉升起的新星。一年前,他在摩根的私人图书馆度过了很长时间。他与摩根两人密切合作,制订一份计划,动员其他银行家为市场注入流动资金以支撑紧张的美国经济,平息重大公共恐慌。1907年,美国金融大恐慌爆发两周后,摩根——这位70岁的银行界老将亲自出马,关闭了新落成的图书馆的黄铜大门,拒绝让银行家们离开,直到他们同意他的救援方案为止。[1]

自此以后,戴维逊便很少见到摩根先生,也无法得知自己被召唤到图书馆的原因。"你知道马上就到1月1日了吗?你准备好了吗?"摩根先生询问面前这位满脸疑惑的访客,"我希望你在1月1日加入我的公司,你知道吗?"平时能言善谈的戴维逊变得哑口无言。后来,戴维逊将当时的反应比作从18层楼坠落一般。[2]他接受了摩根的提议。

  1909年的第一个工作日，戴维逊成为摩根大通公司的合伙人。这是一个双赢的决定。后来，一位当代观察家指出："金融史上有记载的美国有史以来最伟大的银行家找到了他最伟大的合作伙伴——亨利·P. 戴维逊。"[3]在摩根先生看来，本次任命是一步好棋。随着戴维逊接手越来越多的日常决策工作，摩根先生可以有更多的时间（一年中多达3个月）去旅行和搜集艺术藏品。对于戴维逊，正如摩根传记作者让·斯特劳斯所言，"摩根第一次找到一位他愿意委以重任的副手"。[4]

杰克·摩根（右）和亨利·波默罗伊·戴维逊（左）1915年左右摄于华盛顿特区
美国摩根图书馆与博物馆提供，档案编号 7270
(International Newsreel Corporation)

第二章 银行家生涯

晋升之路

加入"摩根之家"时，戴维逊已经在纽约市工作了17年，一路走来毁誉参半。他的第一份工作是在新成立的阿斯特广场银行（Astor Place Bank）担任柜台员工。在连续3天的面试中，前两次戴维逊均以失败告终，然而，他绝不轻言放弃，终于在第三次面试时成功拿到这个职位。在此期间，他因挫败一名精神错乱的银行劫匪而多次登上报纸头条。该劫匪用左轮手枪指着戴维逊的头，要求以"万能的主"的名义兑换一张百万美元支票。新闻界和银行老板都对戴维逊当时的冷静应对感到惊讶：他一边慢慢地为"万能的主"点钞，一边发出"值得大主教膜拜"的高声吟唱，成功引起银行保安人员的注意。[5]这一举动使他在1894年晋升为阿斯特旗下自由国家银行（Liberty National Bank）的助理出纳。1901年，他成为该银行的总裁。几个月后，乔治·F.贝克邀请他出任纽约市第一国民银行副总裁，该银行的特许权使用费仅次于摩根大通公司。

第一眼看到戴维逊时，贝克就知道他有做领导的潜质。戴维逊是一位聪明而顽固的银行家，拥有"极其强大的活力，在他周围形成了一个无形磁场"。[6]他具有与生俱来的魅力，性格外向，非常吸引人。正如银行家保罗·沃伯格后来回忆的那样，"人们热衷于追随他"。[7]就身材而言，人们有时惊讶地发现他只有中等身高，"但他的自信，他抬头的方式，让他看起来比实际高约5厘米"。人们还注意到，他目光深邃，眼神中传递出友善、明确和宽容的人生态度，他的声音"低沉、清晰、响亮"。[8]

1903年，戴维逊筹划并创立银行家信托公司，展现出非凡的领导才能。在咨询过许多大有前途的年轻银行家后，戴维逊巧妙地避开了法律体系对商业银行成立信托公司的限制。戴维逊一直担任信托公司的董事和执行委员会主席，直到去世。

1907年的金融大恐慌之后，戴维逊受邀加入参议员纳尔逊·W. 奥尔德里奇领导的国家货币委员会，并担任顾问。任职期间，他前往法国、德国和英国访问并学习各国金融体系。1910年，他参与了在佐治亚州哲基尔岛举行的会议。在此期间，他协助起草了《哲基尔岛报告》。同时，他们还在附近的摩根私人岛屿俱乐部为奥尔德里奇和一众华尔街精英组织了一场模拟猎鸭活动。在这个小岛上，这群重要人物秘密起草的一项法案，为联邦储备系统奠定了基础。[9]

在摩根大通公司，戴维逊很快证明了自己的价值，策划了一系列兼并重组方案，使摩根控股银行成功接管其他金融机构。截至1913年，摩根公司在34家银行和信托公司持有118个董事席位，资产总额达26亿美元。[10]摩根公司的影响力日益增长，这自然引起了华盛顿新任民主党领袖的警觉。1912年，戴维逊和摩根被召集到普约委员会，接受"货币信托"调查。[11]

摩根帮助美国从一个经济基础薄弱的国家转变为现代世界中最强大的工业国家，华盛顿方面的提问令他厌恶。他的证词备受期待，吸引了数百名观众，这些人挤满了普约委员会大厅。[12]在与委员会法律顾问塞缪尔·昂特迈尔的激辩中，摩根声称他始终相信戴维逊先生告诉他的一切，直陈对亨利·戴维逊的充分信任和依赖。[13]两人对彼此的忠诚显而易见。戴维逊在他的证词中宣称："我知道摩根大通不会做错任何事，只要他们的努力和环境允许他们按照自己的意愿行事。"[14]

亨利·戴维逊府邸（纽约市公园大道 690 号）
http://www.beyondthegildedage.com/2012/02/hp-davison-residence.html

亨利·戴维逊府邸（纽约市长岛孔雀角）
http://www.oldlongisland.com/2009/09/peacock-point.html

第二章　银行家生涯

亨利·波默罗伊·戴维逊

凯特·特鲁比·戴维逊
照片来源于拿骚郡分会为纪念美国红十字会成立一百周年而制作的舞会（举办于1981年5月2日）宣传册
国际联合会提供，档案编号 R510465769，存于日内瓦

私人生活

工作并非生命的全部。1893 年，戴维逊回到布里奇波特，与凯特·特鲁比结婚，随后定居在纽约市。1896 年 2 月，他们的第一个孩子弗雷德里克·特鲁比·戴维逊出生，两年后，次子小亨利·波默罗伊·戴维逊出生。夫妇二人还育有两个女儿：爱丽丝（1899 年出生）和弗朗西斯（1903 年出生）。除纽约市区的家外，戴维逊夫妇还在长岛孔雀角买下了一套三层楼的房子。

凯特·特鲁比来自康涅狄格州最古老的家族之一。人们说，她稳重的性格恰好与戴维逊的热情形成互补。[15] 她积极参与红十字会活动，并在战争期间成立纽约州拿骚郡分会（1917 年）。她担任该分会的第一任主席，直到 1944 年转为名誉主席为止。战争结束后，凯特积极帮助返乡士兵重新适应平民生活，并支持为精神障碍、肺结核、眼病和心脏病患者及需要产前护理的人员提供免费的公共卫生诊所。[16] 她一生中支持过许多慈善机构和组织，经常在家中举办筹款活动。这位拿骚郡红十字会"第一夫人"于 1962 年去世，享年 90 岁。一则刊登在《纽约时报》上的讣告称她为拿骚郡红十字会的"第一夫人"。

摩根公司是戴维逊的第二个家,他享受着与老摩根如同父子般的亲密关系,两家人经常相互走动,一起度假。1912 年,戴维逊给摩根先生发了一通情真意切的电报,回忆起他们在法国一起露营的时光,感慨"我一生中最愉快的回忆是与你在那里和其他地方度过的时光"。[18](译者注:英文著作的注释缺17,中文相应标注)

(从左至右)凯特·特鲁比·戴维逊、弗雷德里克·特鲁比·戴维逊、亨利·波默罗伊·戴维逊、小亨利·波默罗伊·戴维逊
照片来源于拿骚郡分会为纪念美国红十字会成立一百周年而制作的舞会(举办于1981年5月2日)宣传册
国际联合会提供,档案编号 R510465769,存于日内瓦

1913年3月，仅在普约委员会进行调查的几个月后，老摩根在意大利去世，戴维逊深受打击。几天后，又传来糟糕的消息：戴维逊在孔雀角的家被一场大火夷为平地。但这远远无法与其雇主逝世相提并论。[19]在给妹妹的电报中，戴维逊感慨："摩根先生的去世将我击溃。当然，失去房子也很恼人。"[20]戴维逊天生讲求实际，在房屋重建期间，他让家人暂时住在船屋中，工作一切照旧。摩根的儿子接管公司后，戴维逊继续担任公司的董事总经理。

欧洲战事

像许多美国企业一样，摩根公司在第一次世界大战中赚了一大笔钱。对此，戴维逊发挥了重要作用，他前往伦敦，通过多轮谈判终于使摩根公司成为英国和法国政府在美国的采购代理人。1915年，摩根公司为英法盟军募集了5亿美元的盎格鲁-法兰西贷款。第一次世界大战爆发初期，戴维逊在英、法两国度过数周，与当时的一些主要政治家和商界领袖建立关系，这为他作为美国红十字会战时委员会主席期间的工作提供了必要帮助。

亨利·波默罗伊·戴维逊

凯特·特鲁比·戴维逊身着红十字制服
https://goodwingenealogy.fandom.com/wiki/Kate_(Trubee)_Cavison_(Red_Cross)

虽然没有参与到战争中，戴维逊家族也展现出了企业家的爱国精神。长子特鲁比召集其大学校友接受飞行员培训。戴维逊夫妇起初感到担心，但很快被说服。随后，戴维逊购入一架飞机供飞行队训练使用，并为飞行队提供大部分的资金支持。该飞行队随后发展为耶鲁大学第一飞行队。最初，母亲凯特考虑到飞行危险持保留态度，后来却成为坚定的支持者，并帮助组织和运营位于孔雀角戴维逊家族庄园的飞行训练营。她告诉《纽约时报》，她想让那些飞行员的母亲们知道，飞行对于她们的儿子来说是一项理智、安全、明智且富有建设性的工作，关系到美国国防的备战能力。[21] 美国参战后，耶鲁的飞行队员加入了海军预备役飞行队，许多人继续在欧洲战场上一展身手。特鲁比在一次训练事故中背部骨折，无法服役，这让他一直非常失望。[22]

1917年4月6日，美国正式参战。亨利·戴维逊还不知道，他的人生即将发生翻天覆地的变化。此前30年中，他一直活跃在银行业，如今，截然不同的使命正召唤着他。

第三章

在战争中发现红十字的世界

1917年5月2日，星期三，亨利·戴维逊应美国总统兼美国红十字会会长伍德罗·威尔逊的召见来到白宫。威尔逊邀请戴维逊担任即将成立的战时委员会主席。戴维逊被选中是因为大家一致认为他会在"500万和5 000万的提议之间做出区别"。[1]尽管威尔逊对共和党人和华尔街人士持谨慎态度，但这是一个鼓舞人心的任命。戴维逊也需要对此仔细考虑，因为接受这一任命意味着他要暂时离开"摩根之家"，放弃收入颇丰的银行事业。他曾怀疑自己是否具备完成这项工作的相关素质。据说，他上床睡觉时"说服自己无法接受这一职务，但次日早晨起床又深信自己无法拒绝"。[2]

美国红十字会战时委员会成立于1917年5月10日。戴维逊收到来自威尔逊总统的一封私人信件，正式要求他接受主席一职，"我相信你有能力胜任这项爱国服务"。[3]戴维逊在为红十字会工作期间，无偿奉献了自己的时间。报纸上经常报道他的这种慷慨的爱国精神。他为了红十字事业离开摩根大通公司，为"红十字会放弃了超过100万美元的收入"。[4]虽然戴维逊仍担任摩根大通公司的合伙人并获取相应报酬，但他还是自掏腰包为这份爱国主义事业提供财力支持。为了进一步支持这份全新的慈善工作，戴维逊将公司的速记员和秘书借调到红十字会，并支付他们原有的薪水。

戴维逊被以爱国主义为名借调到红十字会工作，对此，"摩根之家"并未总是给予完全积极的评价。托马斯·拉蒙特抱怨说："如今我们意识到，我们不仅把戴维逊贡献给了红十字会，还投入了其他人的大量时间，而我们还肩负其他职责，因此，我们的工作丝毫没有减轻。"[5]戴维逊意识到，自己对摩根大通公司的效忠与红十字会的新角色存在矛盾。然而，战争时期，爱国至上的精神席卷全国，华尔街也不例外。这正是本次任命的绝妙之处。戴维逊的个性和魅力使他"能够筹集到巨额资金……并召集一批最优秀的美国商业精英积极为红十字会服务"。[6]

戴维逊尽管拥有天然的感召力和乐观心态，但仍备感焦虑，不知所措。[7]仅有少数密友知道此事。战争爆发初期，他感到焦躁不安，不知如何应对。他与杰克·摩根联手，为英、法政府筹措资金，在某种程度上抵消了这种焦虑。然而，接受红十字会的职位之后，他被强大的不确定性困扰：自己能胜任吗？他饱受抑郁折磨，度过无数个不眠之夜，同时又被繁杂的工作（包括内部的猜忌和争吵）压得喘不过气来。在美国红十字会改革过程中，他得罪了许多人，包括像梅布尔·博德曼这样令人敬畏的红十字会领导人。博德曼是红十字会的守旧派，是全部由男性参与的战时委员会的成员，在戴维逊任职后被边缘化。除了护理部门之外，重组后的美国红十字会的所有团队负责人都是男性。在戴维逊看来，这种家长式统治的组织架构是 20 世纪 20 年代的专业组织所应该采取的模式。对传统的反抗和传承将会再次困扰他，并对他后来的红十字会协会计划产生深远影响。

改革美国红十字会

在美国红十字会的志愿工作改变了戴维逊的一生，他认为这个阶段的工作是自己人生的"最高成就"。[8]在他的领导下，美国红十字会也发生了转变。戴维逊意识到他无法独自完成其全部使命，并且几乎无法控制该组织在全国范围内的发展。"该组织的发展不是以几个月或星期为单位衡量的，而是以天为单位快速推进的，像一台运作迅猛的机器。"面对这种混乱的发展局面，戴维逊感到绝望，"我四处寻找在我们国家最有能力控制局面的人"。最后，他将目光投向身边的人，邀请华尔街银行界同人、时任纽约自由国民银行行长的哈维·吉布森担任位于华盛顿特区的美国红十字会总干事。戴维逊将美国红十字会组织工作的成功归功于吉布森。后来，戴维逊回忆道："吉布森上校在组织红十字会工作方面展现出惊人的速度和成效，这是我多年职业生涯中未曾见到过的。"[9]这也展示了戴维逊善于用人的才能，他能够找到合适的人选来协助他完成工作。这一领袖品质为许多人赞赏和钦佩。

在红十字会担任职务期间，戴维逊沿用了在摩根大通公司时期采用的现代人力资源管理方法，进行自上而下的改革，实现人道组织专业化。此外，他还采取去中心化的管理模式，将全国划分为13个自治的分会，并成立新部门以应对迅速增加的战争活动。改革成果令人赞叹。戴维逊和他的团队初步取得成功，美国红十字会的会员人数不断增加。1916年12月，会员人数约为238 000名，随后增加至2 000万名，到战争结束时又发展了900万名红十字青少年会员。[10]

1917年的筹款活动

除了对组织机构进行调整之外，戴维逊的主要任务是确保筹款活动顺利进行。在戴维逊担任主席的第一周，大家建议将红十字会的筹款目标设置为1 000万美元，也有人提出5 000万美元的目标，但他撂下话："我们要筹到1亿美元。"[11]

为了实现这一宏伟目标，戴维逊在哈维·吉布森等人的陪同下开始了全国范围的筹款之旅，他们当中有些人曾代表美国红十字会远赴法国提供志愿服务，并且还亲身经历过战争。科罗拉多州发行的一份报纸《丹佛时报》把他们称作红十字会"推销员"。从1917年的秋季开始直至初冬时节，他们从东海岸到西海岸，穿梭于美国各地，大力宣传红十字会，为志愿组织和志愿者们注入活力。[12]马丁·伊根作为幕后英雄，贡献了他的专业知识。他于1914年加入摩根大通公司，负责公司的公共关系事务。他以亨利·戴维逊的私人秘书身份，在组织1917年美国红十字会筹款活动中发挥了重要作用。[13]

1917年10月至12月，戴维逊在美国发起四次大型筹款活动，分别为：10月19日至11月10日，到访布法罗、底特律、圣路易斯、堪萨斯城、丹佛、盐湖城、洛杉矶、圣迭戈、旧金山、波特兰、西雅图、斯波坎、明尼阿波利斯、芝加哥和克利夫兰。11月18日至12月5日，到访里士满、萨凡纳、亚特兰大、伯明翰、新奥尔良、休斯敦、达拉斯、俄克拉何马城、塔尔萨、圣路易斯、奥马哈、得梅因、芝加哥、密尔沃基和底特律。12 月 6 日至 14 日，集中在华盛顿特区、里士满、巴尔的摩、费城和波士顿。12 月 17 日至 23 日，到访布法罗、匹兹堡、克利夫兰、辛辛那提、路易斯维尔、印第安纳波利斯。随后，他回到纽约市的家中过圣诞节，终于可以好好地休息了。

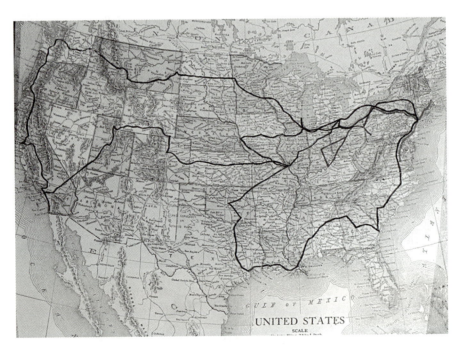

地图：1917 年美国红十字会全国筹款之旅
来自：剪报剪贴簿——红十字会之旅，HPD Papers, Box 9, NAA, Washington DC

每次筹款之旅都包含多项活动，如演讲致辞、出席午宴和晚宴、拜访红十字会分会和工作场所，戴维逊一秒也不放松，专注于筹集更多资金和发展更多的红十字会会员。为了配合戴维逊的筹款活动，一些城市举行了集会、游行和盛大庆典。例如，克利夫兰于1917年11月11日特别宣布该日为"红十字日"。戴维逊意识到，必须向公众公开筹集到资金的使用情况，因此特地安排媒体全程跟踪报道。

媒体对此进行了精彩报道，公众反响非凡。尽管自称不喜欢公开演讲，戴维逊仍清晰地表达了他对这项事业的热情及这项事业的紧迫性。他全身心地投入这一事业，为红十字会鞠躬尽瘁。他以惊人的速度奔走在美国各地，流露出非比寻常的自信和沉着。1917年12月，他在华盛顿的一次筹款活动上欢欣鼓舞地说："我们在美国红十字会的工作是为正在流血的世界包扎伤口……想想红十字会！谈谈红十字会！成为红十字会会员！"这也为这次成功的全国筹款之旅画上了圆满的句号。[14]戴维逊轻而易举地实现并超越了最初设定的1亿美元的筹款目标。在"一战"期间，美国红十字会在21个月内收到来自公众的大量现金和物资捐赠，总额超过4亿美元。

战争前线

随着资金的涌入，戴维逊将注意力转向了战争前线。他希望看到美国红十字会及其大批海外人员投入行动。战争期间，有约 9 000 名美国红十字会工作人员和志愿者在法国工作，美国红十字会还向俄罗斯、法国、比利时、英国、意大利、罗马尼亚、塞尔维亚、巴勒斯坦和希腊派出了工作人员。美国红十字会在法国的 121 个城镇和意大利的 45 个城镇开展工作，为难民提供住所，建立结核病医院，提供食物和衣服，为儿童提供学校。美国红十字会在法国运营着 13 家医院，在意大利运营着 2 家医院，在英国运营着 5 家医院。

作为美国红十字会战时委员会主席，戴维逊想向盟军传递一个信息："我们来了。如果我们来晚了，那么我们现在正在赶来。"[15]他以他特有的、明显乐观的方式宣布了这个消息。他想亲眼看看美国红十字会如何医治美国士兵，如何在欧洲不同地区开展工作及如何变得更强大。

戴维逊计划于1918年春赴海外访问，他将这一计划告知威尔逊总统并获得了总统的支持。[16]1918 年 3 月，戴维逊抵达英国，开始了为期 6 周的英格兰、法国、意大利、比利时和瑞士之旅。他拜访了许多政要，包括英国国王乔治五世，并前往西部战线交流。1918年，德军持续推进战线，英国丢掉了康布雷后方的补给基地。这一消息让人沮丧。然而，戴维逊展现出的热情和希望鼓舞了亚瑟·斯坦利等英国红十字会同人。同时，戴维逊提供了10万英镑支票的捐赠，帮助"斯坦利和同事们重拾信心"。[17]

本次访问之旅安排了多次公众演讲活动，例如1918年4月7日在罗马斗兽场的大型演讲，吸引了约27 000名听众。戴维逊一行获得意大利媒体的褒奖，受到"深切赞赏……新闻报道的语调是对美国友谊和信心的全新表达"。[18]1918年10月，戴维逊被意大利战争部长祖佩利将军授予意大利王冠勋章，并获得意大利红十字会主席颁发的十字勋章。[19]

1918年5月16日，戴维逊返回美国。两个月后，他接待了德川亲王和日本红十字委员会一行。[20]整个1918年期间，来自冲突地区的报告和信件不断涌入，内容涉及西部战线平民的灾难性局势。[21]戴维逊曾目睹灾难和饥荒。他和美国红十字会该如何应对？1918年7月，戴维逊致信马丁·伊根（他当时正驻扎在巴黎的美国远征军总部），述说他访问期间的见闻，"令我印象深刻，我能构想出各种发展前景，未来可期"。[21]

第三章 在战争中发现红十字的世界

1918年4月7日,亨利·戴维逊在罗马斗兽场向意大利人发表演说
来自协约国新闻剪报
1918年春季,红十字战时委员会主席亨利·戴维逊和法蒂赴海外访问,考察美国以外的红十字会工作
2019-0002,第56页,美国红十字会,华盛顿特区

到1918年年底，戴维逊认为美国红十字会必须将国际救援工作延长至和平时期。由于金库中还有超过 7 500 万美元未动用，戴维逊开始思考未来及红十字会如何充分发挥其潜力。

是戴维逊走进红十字世界的时候了。

第三章 在战争中发现红十字的世界

第四章

红十字会协会

亨利·戴维逊前往饱受战争蹂躏的欧洲展开广泛而深入的工作，历时 3 个月，最终于 1918 年 11 月下旬返回美国。他从波尔多扬帆启程，经过 12 天的海上航行后，抵达纽约。与他同行的有斯托克顿·阿克森博士（威尔逊总统的小舅子、美国红十字会秘书长）和约翰·W. 戴维斯（美国副总检察长）。戴维逊阐述了他的计划：成立"真正的国际红十字"，即国际联盟（译者注：《凡尔赛条约》签订后组成的国际组织，成立于 1920 年 1 月 10 日，解散于 1946 年 4 月）的人道主义版本，当时协约国政府正在讨论"国际联盟"这一政治概念。受到欧洲灾难性局势的困扰，戴维逊曾在停战前后就未来和可以开展的工作咨询了威尔逊总统的重要顾问爱德华·豪斯上校等人。豪斯敦促戴维逊："即刻起，以红十字会为仁慈的代理人，在深陷饥饿和贫困的欧洲国家开展工作。"[1]在写给杰克·摩根的信中，戴维逊称豪斯的想法仅有"极小的可能性"，"倾向于把它当作白日梦……"。[2]

极小的可能性

然而,按照戴维逊一贯的风格,一周内,他便组织了一场关于这个"白日梦"的讨论,并邀请伍德罗·威尔逊总统参加。1918年12月2日晚上,阿克森博士等人齐聚白宫,戴维逊大胆的国际视野构想获得威尔逊总统的认可。[3]威尔逊同意,红十字国际委员会(ICRC)"在日内瓦的那些相当和蔼可亲的绅士们"(阿克森博士的措辞)将从美国的领导力和能量中受益,将"全世界的红十字组织聚集在一个共识之下"。[4]会议成果体现在威尔逊总统的一封书信中,他要求戴维逊"如果可行,安排行程尽早前往法国,协助我与法国方面进行磋商,研究红十字国际关系和合作"。[5]

美国红十字会战时委员会允许戴维逊前往巴黎,参加与欧洲红十字组织或日内瓦红十字国际委员会的会议和谈判,并拨出5万美元作为他的工资。戴维逊一如既往地坚持自己出资。[6]焦虑不安再次袭来,戴维逊不确定自己是否可以圆满完成使命。此外,他还要寻求摩根大通公司的许可,再次允许延长他的请假时间。

梦想在战争之外将红十字运动中的各国家红会聚集在一起,戴维逊并非第一人。历史上曾多次有建立红十字联合会或协会的尝试，然而相关讨论并不深入。早在1867年的第一届红十字国际大会上，古斯塔夫·莫瓦尼埃就建议将日内瓦五人委员会（后来称为"红十字国际委员会"）重组为一个红十字中央委员会，作为各国红会之间的协调方。然而，该提议因重重阻碍并未获得关注。1870年，古斯塔夫·阿多尔加入红十字国际委员会，并在1910年成为该组织主席。早在1876年，他就反对叔叔关于建立红十字联合会的构想，而他的所作所为也成为戴维逊后来工作的绊脚石。在俄罗斯红十字会的牵头下，相关讨论一直持续到1913年。当时，博加耶夫斯基教授的一项研究（俄语出版，未进行翻译）概述了创建一个红十字会协会的规则草案。[7]

日本红十字会的表现称得上最积极了，尽管他们认为需要修改《日内瓦公约》，以允许红十字会在和平时期开展工作。一方面，戴维逊筹划自己的愿景；另一方面，1912年，日本皇后作为日本红十字会的长期赞助人，为日本红十字会在和平时期开展工作提供了重要的慈善捐赠（后命名为"昭宪皇后基金"）。同时，日本红十字会的代表蜷川新教授也向红十字国际委员会施加压力。然而，全部由瑞士公民组成的红十字国际委员会从未真正对与国家红会的密切来往产生兴趣，也没有兴趣开展战争领域以外的红十字工作，最终，红十字国际委员会成功地转移了来自日本的施压[8]，并推迟做出与此相关的决定，直到亨利·戴维逊和他的"白日梦"到来为止。

红十字会委员会

尽管摩根大通公司继续施加压力，要求戴维逊重返工作岗位，戴维逊还是回到了欧洲。[9] 1918年12月16日，戴维逊从纽约起航，很快抵达巴黎，在威尔逊总统的支持下，开始推动建立一个国际红十字组织。两周时间里，他与各方召开大量会议，其中包括1919年1月10日与威尔逊总统的一次沟通，讨论接替他在战时委员会职位的人选。戴维逊与来自英国、法国、意大利和日本的国家红会代表举行了会议，以"制订一项有利于人类利益的活动计划"，其理念不仅是"减轻人类痛苦，而且是预防它"。[10] 为了资助该计划，戴维逊根据自己的判断要求美国红十字会拨款500万美元。令他沮丧的是，战时委员会投票通过的拨款金额只有这个数额的一半，而事情必须做下去。

资金问题并非唯一挑战。1919年1月中旬，戴维逊来到戛纳，希望在温暖的天气中获得一丝喘息。他高兴地离开了巴黎，因为发现那里的气氛"最令人不快"。[11]困难每天都在出现，他一贯的领导能力、充沛精力、饱满热情、明智决定、领袖魅力似乎都不起作用了。此外，戴维逊的健康状况也不尽如人意，最终击垮他的病魔也已经出现了早期症状。在写给杰克·摩根的一封信中，戴维逊流露出疲惫和焦虑。他提到，在与红十字国际委员会联络人威廉·E.拉帕德（瑞士公民，出生于美国，毕业于哈佛大学经济学专业，外交官、红十字国际委员会成员）的交流中，对方向他保证一切都很好，而且红十字国际委员会主席阿多尔有意愿开展最大限度的合作。多么荒谬啊！戴维逊还向摩根强调，如果红十字国际组织的价值没有得到充分认可，如果五国政府不愿提供支持或不愿向他保证会提供支持，那么他无意推动成立一个这样的机构。他坦言，也许自己无法将建立红十字会协会的想法变成现实。或许太过天真或傲慢，戴维逊只想"提出构想……期待国际各界挑起重担，落实他的构想"。[12]

尽管如此，戴维逊仍继续向前推进他的工作，部分动力源自威尔逊的大力支持，还有他自己对红十字理想的忠诚及流淌在美国人血液里的乐观精神。戴维逊希望组织一次会议以抓住黄金机遇。这个提议获得威尔逊的批准，他在信中写道：

我与你同感，这不仅是我们的机会，也是我们的义务，将我们的经验和努力成果分享给全世界范围内的红十字组织使用。我相信，他们也能够为我们和为彼此贡献自己的经验和建设性帮助。我同意你的信念，在提议的（戛纳）会议之外，成立一个国际救济组织，为整个人类的福祉做出贡献。[13]

在戛纳与其他4个协约国的国家红十字会进一步讨论后，戴维逊充满活力、精神焕发地回到巴黎。1919年2月21日，一个红十字会委员会成立了。在新任主席亨利·戴维逊的牵头下，委员会发布了一份谅解备忘录。委员会委员包括：法国红十字会的法国军人伤员救济协会秘书长让·德·克尔戈莱伯爵、英国红十字会的亚瑟·劳利爵士、意大利红十字会的会长兼参议员朱塞佩·弗拉斯卡拉伯爵、日本红十字会的蜷川新教授、美国红十字会的亨利·戴维逊。

备忘录阐述：应5个国家红十字会的要求，红十字国际委员会在巴黎和平进程正式完成30天后，召集全世界范围内的红十字组织前往日内瓦参加集会，呼吁为了人类利益，制订并向世界各国红十字会提出一项红十字活动扩展计划。备忘录还写道：第一次世界大战表明，现代战争已经波及所涉及国家的每个家庭。《日内瓦公约》

的初衷旨在保证实际参与援助伤病战士的人们保持中立。因此，本红十字会委员会的观点是：向本届世界红十字大会提交一项计划，邀请公共健康、结核病、个人卫生和公共卫生及儿童福祉方面的全球专家制订行动方案并开始工作。在日内瓦成立一个常设组织，由组织内的专家向世界各地的国家红十字会传播知识。它不是为了减轻人类的痛苦，而是为了防止痛苦发生。"这是一个既理想又实用的计划。理想性——它的最高目标是人道主义；实用性——它寻求手段和措施来应对每天在全人类生活中反复发生的悲惨危机……这一计划旨在建立一种机制，使所有人都可以积极合作，促进彼此的健康和幸福。"[14]

此后，戴维逊和红十字会委员会的其他成员前往戛纳和日内瓦。在日内瓦，他们与红十字国际委员会进行了为期三天的讨论。戴维逊后来写信给杰克·摩根称，最终取得了皆大欢喜的结局。

弄清真相

至少在最初，戴维逊从未打算创建一个完全独立于红十字国际委员会的机构。他理解瑞士人的担忧，声明："我们始终坚持，只要情况允许，就将我们的计划直接置于红十字国际委员会的运作之下，而不会给国际红十字的普遍性带来困窘。"为了"抓住黄金时机，制订有效的和平活动计划"，戴维逊和新成立的红十字会委员会继续前往戛纳，"创建这种工作模式作为临时的应急之策，并非取代红十字国际委员会，而是作为其补充"。[15]

以阿多尔为首的瑞士方面继续向戴维逊发出令人困惑的信号，并利用他们的中立立场——将发起战争的"交战"国家排除在外——试图破坏戴维逊的计划。然而，戴维逊并不想将交战国排除在新成立的红十字机构之外，美国也无意将德国排除在外。戴维逊甚至希望德国作为创始成员国加入，然而，这个想法遭到了协约国（即法国和英国）的坚决反对。对戴维逊来说，让英国和法国坐到谈判桌前是一个务实的解决方案，因为即使在正式宣布和平之后，也存在来自这两个国家的阻力。英国代表劳利私下里写信给戴维逊："我们的一些同事认为，即使签署和平协议后，我们也不可能会见德国人。"戴维逊对这一回应感到失望，他认为每个人都应该"以官方态度行事，不得掺杂个人情绪"，特别是如果要想使"世界秩序正常化"的话。[16]

英国强调，在这个方面没有商量余地。和平进程正在对人道主义工作者产生影响。为了建立一个真正的国际红十字机构，戴维逊默许了。他将此问题转告威尔逊。戴维逊最初以为，一旦和平得到确认，德国红十字会就能获准参加红十字国际委员会提议的红十字国际大会，因为国际委员会持中立原则，须确保同盟国的红十字会被各方接受。最后，戴维逊幡然醒悟，即使在宣布和平之后，英国和法国也不会同意与同盟国的红十字会会面（他还预感同盟国不会被国际联盟接纳，事实也的确如此）。

戴维逊不愿意错失这一良机。他充满激情地争辩道："世界正在流血，现在需要帮助。是现在，而非未来某个不确定的时间。"威尔逊建议将新的红十字机构与国际联盟联系起来，但戴维逊不确定红十字国际委员会将如何回应。"他们令我非常失望。我发现这个组织非常软弱，没有想象力和勇气。"[17]他向威尔逊透露。然而，这似乎是最好的选择。威尔逊提议，通过与国际联盟正式建立联系，戴维逊将能够"在其他国家加入国际联盟后，继而安排它们加入这个红十字国际组织"。[18]

红十字国际委员会似乎可以接受这个选项。拉帕德建议，红十字国际委员会愿意在5月5日于日内瓦召开协约国的国家红十字会会议，不邀请同盟国的国家红十字会参加。[19]

Col. R.P. STRONG, M.C. U.S.A.   March 12th, 1919.
Director Department Medical Research and Intelligence.
Major A.H. Garvin, Director Bureau of Tuberculosis and Public Health,
            Room 541.
      Conference at Cannes.

My dear Major Garvin,

     As you already know from our recent conversations together, there is to be held on April 1st at Cannes a conference to discuss the project for the establishment of an International Council and Bureau of Hygiene and Sanitation. I enclose a suggested outline of the activities of such a Council and Bureau.

     On April 8th it is intended to hold at Cannes a conference regarding Tuberculosis, regarding which it is expected you will assume responsibility for the preparation of a programme.

     It is suggested that this programme should include -

     1. An outline of a plan for work to be undertaken by the International Council and Bureau of Hygiene upon the subject of Tuberculosis. This plan of yours would constitute a basis for a discussion at your Cannes conference by your colleagues.

     2. It is also suggested that you prepare an outline covering propaganda work that might be conducted by the branch of the International Bureau of Hygiene devoted to Tuberculosis, and which could be undertaken perhaps at once. This propaganda work might consist in the preparation of circulars etc. regarding Tuberculosis, which could be later printed and ready for the world conference at Geneva, and the delegates from the different countries might then taken them home with them.

     3. It is also suggested that you prepare a record of exhibits that might be available for presentation at the world conference at Geneva. This outline of the exhibits of course would also be discussed by your colleagues.

     I will appreciate it very much if you will criticise and make suggestions regarding this proposed programme.

     I am, with kind regards.
               Yours sincerely,

               R.P. STRONG, Col. M.C., U.S.A.
               Director Department Medical Research
                     and Intelligence.

B/C.

斯特朗上校关于戛纳会议的信件，1919年3月12日
戛纳医学会议规划，国际联合会提供，档案编号 Z000363，存于日内瓦

戛纳医学会议

在仅仅得到四个星期提前通知的情况下,在奥蒂斯·卡特勒、哈佛大学热带医学教授兼美国医学研究与情报部主任理查德·斯特朗上校等人的大力协助下,戴维逊和新成立的红十字会委员会与全球医学和科学界的知名人士齐聚一堂。[20]戛纳医学会议于1919年4月1日至11日在航海俱乐部举行,来自世界各地的60多位专家围绕性病、儿童福祉、肺结核、疟疾、护理、预防医学、统计学和教育等主题展开讨论。有专家来自新委员会中的五个国家红十字会。会议旨在"让科学之光照亮世界的每一个角落",利用各国红会的红十字网络,通过推动医学研究和科学发展,来促进"面向世界人民"的研究,从而将红十字的活动扩展到和平时期的疾病预防方面,促进全世界范围内各民族群体的健康和福祉。[21]戛纳会议的许多建议和决策构成了红十字会协会的核心计划,与后来由国际联盟发起的计划非常相似。[22]

正如戴维逊在一封电报中所说的:

> 在科学界大会的历史上,可能从来没有任何一次大会比本

次国际科学家大会更为努力或进展得更为神速……这里的每个人都敏锐地意识到他们面前的这项旨在改善全世界人民生活条件的事业的紧迫性和重要性。[23]

红十字会协会的名称正是在戛纳会议上被采用的。想法是"沿着……国际联盟的路线创建自己的组织"。[24] 同样在戛纳会议期间，有传言说，《国际联盟盟约》中将特别提到红十字会。虽然主要由戴维逊和他的同事们——包括日本代表蜷川新教授执笔，但是红十字会协会和红十字国际委员会都声称自己撰写了《国际联盟盟约》第25条，内容为：

> 联盟会员应鼓励并促进获得准许的国家红十字志愿组织的设立和合作，在全世界范围内改善医疗卫生状况，预防疾病和减轻痛苦。

戛纳医学会议代表，1919年4月1日至11日
应红十字国际委员会的邀请，参加于1919年4月1日至11日在法国戛纳举行的医学会议
国际联合会提供，档案编号 Z000363，存于日内瓦

红十字会协会的成立（1919年5月5日）

1919年5月5日，戛纳医学会议结束后不到四周，红十字会协会于巴黎正式成立。组织章程概述了其宗旨：

红十字会协会，1919 年 5 月 5 日
从左到右依次为：大卫·亨德森爵士、奥蒂斯·卡特勒、蜷川新教授、亚瑟·斯坦利爵士、亨利·戴维逊、弗拉斯卡拉伯爵、让·德·克尔戈莱伯爵、斯托克·阿克森博士
美国红十字会提供，Still Pictures，NAA，华盛顿

1. 鼓励和促进在世界各国建立和发展一个经正式授权的志愿性国家红十字组织，其目的是在全世界改善健康状况、预防疾病和减轻痛苦，以及为达到这些目的，确保此类组织之间的合作。

2. 作为媒介，分享科学和医学知识及其应用领域的已知事实与新成果，惠及并促进人类福祉。

3. 在发生重大国家或国际灾难时，作为一个中间组织，协调救援工作。[25]

5月13日，威尔逊总统写信给戴维逊，就成立红十字会协会发来祝贺：

> 我知道，协会的成立标志着你们多月来珍视的计划得以实现。当你萌发这个计划并告知我的时候，我本能地产生了共鸣。不仅是因为它承诺了红十字会将发挥的作用，还因为我看到它的目标与激励我们成立国际联盟的目标类似，即为了世界福祉，将所有人聚到一起，采取一致的行动。尽管红十字会协会与国际联盟没有正式的隶属关系，但它显然是按照国际联盟的精神构建的，我们将其宗旨纳入了盟约第25条……[26]

代表美国红十字会的戴维逊被选为主席。总干事的角色十分重要。美国驻土耳其大使亨利·摩根索曾参与戛纳会议，试图说服戴维逊担任总干事一职，但戴维逊以"对所属和关联公司的义务"为由拒绝了这一提议。有一段时间，戴维逊一直在寻找合适的人选担任总干事，并向洛克菲勒基金会主席乔治·文森特发出邀请。[27]戴维逊在写给杰克·摩根的信中提到，候选人必须具备必要的素养、卓越的品格和执行能力，他应该是一位杰出的领导者、外交官，并会说法语。随后，美国人将目光投向内政部长富兰克林·K. 莱恩，莱恩对此表现出兴趣。戴维逊甚至表示，如果莱恩接受这一任职，他会为莱恩提供长达 5 年的薪水补贴。[28]

但考虑到由两名美国人同时担任领导职务不利于红十字会协会的国际工作，最后，英国前军事领导人和航空专家大卫·亨德森爵士被任命为总干事。[29]为了与红十字国际委员会保持公开对话，委员会成员之一、瑞士外交官威廉·拉帕德成为红十字会协会的第一任秘书长。协会日内瓦总部的其他工作人员包括：发展部主任 W. 弗兰克·佩尔森，曾长期任职于美国公共福利部门；医学主任理查德·斯特朗博士，从哈佛大学临时借调，为期 12 个月。斯特朗是一名著名的国际流行病专家，对起草戛纳医学会议的最终文件起着重要作用。他在上任一周内便组织了一个专家委员会前往波兰考察斑疹伤寒危机。[30]

为向美国红十字会致敬，戴维逊任命爱丽丝·菲茨杰拉德女士为护理部门主任，称"美国红十字会的地位很大程度上归功于其与护理领域和护士的紧密联系。同样，协会很早就认识到护理的重要性并沿着这一方向积极开展行动,这将为协会奠定坚实的基础"。[31]战争期间,菲茨杰拉德曾代表美国红十字会在欧洲提供志愿服务,当时被任命为美国红十字会欧洲委员会的护理主任。她能说一口流利的法语、德语和意大利语,为支持红十字会协会制订长期且重要的业务计划做出了积极贡献。

除了5个发起国家红十字会的代表外,出席首届理事会的人员还包括以下几个国家红十字会及其代表:阿根廷(安德烈博士)、澳大利亚(纳瓦尔子爵夫人)、比利时(A. 德佩奇教授)、巴西(C. 杜平先生,未能出席)、加拿大(R. B. 贝内特先生)、丹麦(F. 斯文森博士)、塞尔维亚(叶夫雷姆·祖约维奇博士)、西班牙(佩纳·拉米罗伯爵)、瑞典(F. 布洛克博士)、瑞士(C. 博尼上校)。

内部挑战

戴维逊发现,如果与和平协议进程相关的外部政治力量难以应对,那么红十字运动的内部力量将成为他成功的关键。从一开始,戴维逊所提出的红十字会协会的宗旨就受到了来自红十字会内部的挑战。美国红十字会和红十字国际委员会都认为戴维逊的想法对他们产生了威胁,并阻碍戴维逊按照计划去建立红十字会协会这样一个国际机构。和蔼可亲的日内瓦人终究没有那么和蔼可亲了,他们千方百计地阻挠红十字会协会构想的实现。阿多尔主席以红十字的中立原则为由不配合。尽管红十字国际委员会无法阻止红十字会协会的成立,但它表现出了潜在的敌意,而且随着红十字会协会的成立,"嫉妒和疑虑的暗流仍在继续着"。[32]

美国红十字会也是如此。战争结束后,战时委员会于1919年3月解散,以梅布尔·博德曼等人为首的守旧派东山再起,意图将美国红十字会的重心恢复至战前模样。这与美国日益增长的孤立主义及其在1920年1月拒绝加入国际联盟时的做法相一致。守旧派有效地削弱了戴维逊,他们限制提供所需资金,为新成立的红十字会协会和戴维逊的愿景设置重重障碍。尽管达成了协议,美国红十字会却背道而驰,继续开展自己的国际项目,希望既保留美国红十字会在欧洲开展工作的身份,又独立于红十字会协会之外。此时,戴维逊发现后院起火,他要在国内和欧洲同时与美国红十字会的守旧派做斗争。

度过了令人筋疲力尽的5个月后,戴维逊于1919年5月中旬返回美国。"各国的红十字组织正在积极开展工作,我们认为建立这样一个红十字会协会能够唤醒人心,"戴维逊回国后在他的演讲中说,"在我看来,它(红十字会协会)的成功与缔结任何和平条约一样重要。我们想做的不是让红十字会亲力而为,而是通过协会的成立激发出这种科学模式,让它平等地惠及世界范围内的所有人……"[33]

根据戴维逊的计划,红十字会协会于1919年中期启动工作,首先在东欧国家开展所需的大规模救援活动。戴维逊相信,协会通过调集资金和剩余的军队物资,牵头应对紧急情况,可以让所有人意识到其存在的理由。然而,美国红十字会没有给予充分支持,尤其是在资金方面,这阻碍了红十字会协会的发展。其他非政府组织和政府部门(由美国救济管理局负责人赫伯特·胡佛领导,该机构的职责是为战后的欧洲平民提供食物)挺身而出,承担并开展了大部分戴维逊为红十字会协会所设想的工作。[34]

修改愿景

回国后3个月内,戴维逊修改了他的红十字会协会愿景。1919

年夏天，他决定，协会必须采取更为谦虚和谨慎的态度，与其将工作重点放在指导救援上，不如专注于在和平时期开展工作，实现戛纳医学会议提出的公共卫生目标。

戴维逊重返摩根大通公司，恢复了商业工作。然而，作为红十字会协会的理事会主席，他仍然积极参与协会事务。总干事大卫·亨德森认为，有必要在1919年年底去美国与戴维逊进行一次面对面的交谈。戴维逊最后一次返回日内瓦是主持1920年3月2日至8日举行的红十字会协会第一届理事会议。27个国家的红十字会出席了会议，戴维逊致开幕词，他列出了协会成立后10个月期间所取得的成就，言语间流露着乐观。公共卫生倡议成为当时所有讨论的优先核心议题。

红十字会协会首届理事会，1921年3月第二次年会
前排座席人员从左到右依次为：A. 德佩奇教授（比利时红十字会）、M. 布利尼埃先生（法国红十字会）、利文斯顿·法兰德博士（美国红十字会，董事会主席）、纳瓦尔子爵夫人（澳大利亚红十字会）、参议员西拉奥洛（意大利红十字会）、大卫·亨德森爵士（协会总干事）
后排站立人员从左到右依次为：叶夫雷姆·祖约维奇博士（塞尔维亚红十字会）、C. 博尼上校（瑞士红十字会）、F. 布洛克博士（瑞典红十字会）、佩纳·拉米罗伯爵（西班牙红十字会）、安德烈博士（阿根廷红十字会）、桑田熊藏博士（日本红十字会）、亚瑟·斯坦利爵士（英国红十字会）、F. 斯文森博士（丹麦红十字会）、R.B. 贝内特先生（加拿大红十字会）。C. 杜平先生（巴西红十字会）未能出席
《红十字会协会公报》，第八期第Ⅱ卷，1921年5月
国际联合会提供，档案编号 R510536695，存于日内瓦

然而，财务方面的进展却非常不畅。1920年4月，协会预算大幅削减至25万美元，直接影响了项目的开展，在这个刚刚起步的组织中引发了更多的悲观情绪。尽管协会有阿根廷、澳大利亚、比利时、巴西、加拿大、中国、古巴、捷克斯洛伐克、丹麦、法国、英国、希腊、荷兰、印度、意大利、日本、新西兰、挪威、秘鲁、波兰、葡萄牙、罗马尼亚、塞尔维亚、西班牙、南非、瑞典、瑞士、美国、乌拉圭和委内瑞拉等30个国家红会作为成员，但除美国外，很少有国家积极参与该组织的工作，更没有在资金上予以支持。协会需要增加会员数量，也需要直接与各国红会接触，即通过拜访和帮助各国红会，吸引他们参与，激发他们的兴趣。[35]

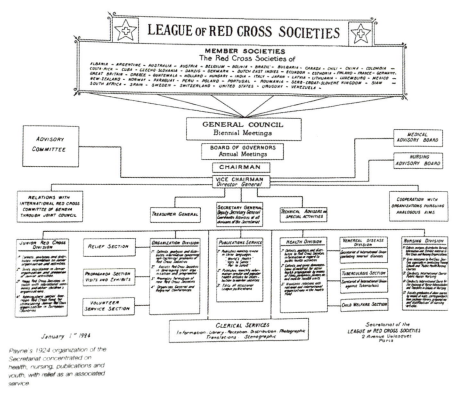

红十字会协会，1924年1月1日
《冲突之外》作者达芙妮·瑞德、帕特里克·吉尔博/红十字会与红新月会国际联合会，1997年

积劳成疾

在戴维逊结束担任多年的美国红十字会战时委员会主席一职返回"摩根之家"后,他完全变了一个人,不仅缺少了很多原有的感染力、乐观和自信,还因劳累过度而患上了疾病。有许多关于戴维逊个性和领袖品质的故事。英国驻美大使塞西尔·斯普林·赖斯爵士形容戴维逊"性子急、行事果断,尽管可以鼓舞下属,但也让他显得笨拙和傲慢"。他写道,戴维逊在战争初期曾与英国人发生矛盾,外交部认为他"不明智","拥有老摩根一派的激进,却没有他们的天赋"。[36] 其他人对戴维逊的评价则更为积极。英国红十字会主席亚瑟·斯坦利爵士与戴维逊在战时和战后有过大量的交往,他将戴维逊描述为"一个充满活力、精力充沛、成功的商人,充满想象力,并具有最崇高的慈善意识"。[37]

赞美也来自红十字会内部。对于华盛顿特区红十字会总部的志愿者和工作人员而言,在战争期间,戴维逊给他们注入了无法估量的灵感:

"您,我们的领导,为组织注入了一种精神,使我们之间的矛盾几乎成为被遗忘的记忆，只考虑志愿服务，而不在乎薪水……在您的领导下，我们比以前更强大、更美好。我们学习到新的工作和志愿服务标准。我们感受到，在一位将灵感带入工作的领导者麾下意味着什么……"[38]

然而，面对来自巴黎和日内瓦的政治打击，以及国内潜在的阻力，戴维逊陷入了困境。他讨厌政治和外交辞令。在某种层面上，他为人"莽撞"，但讨人喜欢的个性掩盖了冲动的一面。他被焦虑和自我怀疑所吞噬。大量的业务压在他身上，使他再次感到抑郁，整夜不能入睡。"不可避免的嫉妒及因满腔热情但漫无目的的努力而产生的争吵"令他异常疲惫。[39]

此外，戴维逊对红十字会协会的构想持有怀疑，对协会未来的忧虑困扰着他。然而，他清楚地知道，无论是为了威尔逊总统还是为了自己，他都无法弃之而去。他多次想退出，却怎么也做不到。

戴维逊的核心问题是他的健康状况。他的身体出现了异样，开始了与脑部肿瘤的斗争。

第五章

去世及以后

亨利·波黙罗伊·戴维逊

红十字会在战时和战后的工作令亨利·戴维逊筋疲力尽。1920年，戴维逊的健康状况开始恶化，最终夺去他生命的脑部肿瘤开始出现症状。此病的最初迹象是戴维逊开始抱怨身体疲倦并感到头痛难忍。随着时间的推移，他的身体每况愈下，语言表达和听力受到影响，手臂和腿部出现部分瘫痪。[1]医生会诊后，认为这些症状属于神经衰弱症。[2]

戴维逊受疾病困扰，身体愈发虚弱，一年中的大部分时间都无法工作。1920年11月20日，戴维逊在位于佐治亚州托马斯维尔的家中休养，他写信给同样身患疾病的红十字会协会总干事大卫·亨德森。这是他5个月以来写下的第三封信，依旧是典型的戴维逊风格，以一个笑话为开端，但字里行间清楚地表明他的健康状况不佳：

> 我记得，协会的主要目标是在世界范围内改善医疗卫生、防止疾病和减轻痛苦。
>
> 不知为何，你我似乎不知道如何吃自己的药……好吧，我想我正在为此付出代价。30年来，我一直在以相当快的速度前

进，要么对我的身体和神经系统漠不关心，要么毫无意识。过去5年的高强度压力开始报复我，我感受到身体内部的抗议。自去年7月以来，我几乎完全与外界断了联系。我现在做了明确计划，至少到明年5月1日前都要保持这种状态。我想我的神经系统出了问题。我确信自己患有头部神经炎。我想神经炎是个挺麻烦的病——我确定头部神经炎非常难受。除非疾病退却，否则我不会，真的，我不能做任何事……我一生雄心壮志，下定决心在所从事的每项事业中都取得辉煌成就，我的天性不允许失败或者表现平平。[3]

红十字会协会的情况并不顺利。一年多后，协会第一任秘书长威廉·拉帕德辞去职务，转而担任国际联盟秘书处法定事务部主任。该任命更为安全和适合。斯特朗博士也在从哈佛大学借调的12个月期满后返回了美国。

协会的财务状况尤其糟糕，必须采取严格的措施以降低成本，重组羽翼未丰的协会机构。[4] 戛纳会议确定的理想尚未实现，协会作为公共卫生机构，集中推进国家红十字会和红新月会在和平时期工作的理念因缺乏资金、人员和其他资源而受到阻碍。尽管如此，戴维逊仍然坚持协会存在的必要性。

这就是戴维逊坚持组织红十字会协会的原因。他清楚地意识到自己"主要负责协会的组织工作，因此，对许多棘手的固有问题负有责任"，这些问题随后由亨德森接手。"我无法背弃自己的同人，亨德森面临的问题是我造成的，"戴维逊继续说，"因此，我每天都在为你思虑，虽然正如我所说，其效甚微。"[5]

从这封辛酸而真诚的信中，我们清楚地看出，戴维逊认为他在红十字会协会的工作是失败的。有人甚至认为，这种想法加剧了他的病况，并"削弱了他对疾病的抵抗力"。[6]

1921年年初，戴维逊密友看出他病得很重。戴维逊因头晕而站不稳，头痛也越来越严重，再次就诊咨询时，专家仍坚持最初的诊断，即神经衰弱。到1921年夏末，医生在他的眼球后部发现了小血块，伴随出血和肿瘤症状。随后很快确诊为脑部肿瘤。1921年8月21日，在大卫·亨德森去世仅4天后，戴维逊接受了第一次手术。

尽管所有知情者对戴维逊的病情绝口不提，消息还是泄露了出去，手术结果备受媒体关注。由于合伙人身体状况的原因，杰克·摩根取消了一次海外行程。4位知名医生为戴维逊联合会诊，一组神经学专家在纽约罗斯福医院为他进行手术。考虑到公众的关注，8月10日发布了一份由6名医生联合签署的媒体声明。声明指出，戴维逊的听力和视力长期受损，遭受了至少长达 4 个月的严重头痛和失眠。手术并不成功，在进行了 3 小时后因出血而中止，颅内肿瘤未能切除。公开报道称，戴维逊的身体状况正在改善，恢复良好。[7] 私下里，实际情况正好相反。

最后几个月的生命

1922 年 2 月 3 日，戴维逊给约翰·巴顿·佩恩法官写了一封长信，这封信被视为美国红十字会前任和现任领导人之间的最后一次沟通。当时，戴维逊仍然担任协会理事会主席一职，尽管时任美国红十字会会长的利文斯通·法兰德博士在戴维逊长期缺席期间代他主持工作。戴维逊希望佩恩（即将接替法兰德）承担这份职责。戴维逊通过这封信向继任者传递了战后重建中他本人和美国红十字会的工作理念。"工作量并不大，但需要极为谨慎的判断。"戴维逊坦言。他表示自己的秘书 C. E. 斯托奇先生完全了解协会的历史及其人员，可以参与工作，并表示如果佩恩同意，他负责支付 C. E. 斯托奇先生的报酬。[8]

戴维逊在书信中表现出真诚和深思熟虑。在写给佩恩的信中，他说："协会于 1919 年春天成立，我们心怀远大抱负。我们在春天齐聚巴黎，不仅协会的创始人，当时在场的大多数国家领导人都认为协会作为一个工具，可以在万众期待的重建时期发挥强大的作用。"戴维逊承认，协会的早期工作目标和雄心勃勃的计划"尚未实现"，这都归结于"一切国际重建的努力都遭遇挫折"及"协会的组织和人员"。他还重申，红十字会协会的成立是因为"国际委员会无法在和平时期有效发挥作用"，他从一开始就希望将这两个组织合二为一。他保持乐观态度，并认为，"协会最终将实现伟大而有益的抱负"。

随后，戴维逊概述了他的观点，即美国红十字会在支持协会方面已经发挥并且应该继续发挥作用。"在很大程度上，支持红十字会协会是美国的责任，"他指出，"并且有必要继续提供这种支持，直到处于贫困状态的伙伴国能够负担其应摊的协会支出份额为止。"9

第二次手术

1922 年 4 月，戴维逊结束冬季休养，从南方返回纽约。他的朋友兼银行业同事托马斯·拉蒙特在戴维逊孔雀角的家中拜访了他。

"他对自己最近的状况深感失望",拉蒙特在给共同好友泰迪·格伦费尔的信中如此说。他继续写道:

> 说实话,他的状况糟糕极了。正如你所知,他的步态和言语都受到了手术的影响,远不及1月份在托马斯维尔探望他时的状况。哈利认为他的情况愈发糟糕。他对自己非常沮丧,在我看来有些过度失望。

戴维逊持续饱受包括肠道消化问题等各种疾病的折磨,但医生坚持认为他的病并非由肿瘤引起,声称他的"症状显然是神经衰弱,身体长期处于虚弱状态,无法做大多数事情。他过度思虑自己的身体和疾病"。所有人,包括他的夫人凯特,都认为"设定重返工作的日期没有任何帮助",因为随着预期时间的临近,他仍无法恢复工作,这只能让他更加沮丧。[10]

在没有告知戴维逊的情况下,他的家人和密友咨询了医生并决定再次进行手术治疗。直到手术临近前几天,戴维逊才得知此消息。相较于第一次手术,这次手术时间短,其目的是切除肿瘤。手术将在家里进行。

去世

手术在位于孔雀角的戴维逊庄园进行，戴维逊最亲密的朋友们，包括杰克·摩根和马丁·伊根与他的家人一起陪同进行手术。戴维逊因身体过度虚弱，已无法与大家共进晚餐，只得在晚餐后与大家见面。他清楚手术成功的概率不大。晚上 10 点左右，戴维逊提出要见他的孙子。他和小孙子玩了一会儿，然后去睡觉了。[11]

手术于 1922 年 5 月 6 日上午进行，以失败告终，亨利·戴维逊享年 54 岁。据手术医生查尔斯·A. 埃尔斯伯格博士说，戴维逊在麻醉前的最后一句话是，"医生，我们把手术推迟一下，我们去钓鱼吧"。[12]

手术失败后，摩根立即给身在伦敦的拉蒙特发了一封电报，通知他戴维逊的死讯。他使用代号称呼戴维逊：

> 今天凌晨一点刚过，"蜈蚣"在这次手术中去世了，原本打算完全移除的浸润性脑部肿瘤只能部分切除。[13]

3 天后，也就是 1922 年 5 月 9 日星期二上午 11 点，戴维逊的葬礼在位于蝗虫谷莱汀镇村的圣约翰圣公会教堂举行。这是一座仅能容纳250人的小教堂，然而有超过1 500人前来参加葬礼。当地电报部门被信息淹没，西联电报公司不得不紧急增派员工。戴维逊特别交代，葬礼要办得朴实低调，不得穿丧服，他的家人遵从了这一要求。一辆载满送葬者的火车专列从纽约驶出，然后送葬者在格伦科夫站转乘专门安排的巴士前往教堂。来自曼哈顿圣巴塞洛缪教堂的四重奏表演者现场唱颂赞美诗，其中包括戴维逊最爱的曲目：《主与我同在》和《前进！基督精兵》。戴维逊的墓志铭引自《前进！基督精兵》——"众神所爱之人英年早逝"。[14]

在戴维逊的出生地特洛伊，所有公共建筑均下半旗致敬。人们在戴维逊公园举行公共追悼会，与葬礼同时进行。追悼会期间，关闭所有学校、公共建筑和商店。[15]3周后，即1922年5月28日星期日，戴维逊的追悼会在位于华盛顿特区的美国红十字会总部举行，斯托克顿·阿克森博士发表了讲话。

余波

媒体对亨利·戴维逊的去世进行了铺天盖地的报道，有评论指出，戴维逊的遗嘱中没有提及任何慈善捐赠。战争时期，他在美国红十字会担任要职，公众自然而然地期待他能够践行慈善精神，至少为美国红十字会留下慷慨遗赠。然而，戴维逊要确保他的家人，尤其是长子弗雷德里克·特鲁比·戴维逊得到妥善照顾。弗雷德里克的一生都贡献给了国家事业，曾入选纽约州议会，担任空军助理部长和美国中情局首任人事主任。

有生之年，戴维逊为心系的事业慷慨解囊，默默支持特洛伊市、恩格尔伍德医院和耶鲁大学飞行队。尽管在鼎盛之年离世，但他已将多年心血投入了战时红十字事业和红十字会协会，也许戴维逊觉得他对人道主义已经投入得足够多了，最后的考虑应该以家庭为重。

戴维逊的夫人凯特一直是美国红十字会拿骚郡分会的忠实拥护者，她设立了亨利·戴维逊奖学金，资助6名来自英格兰和牛津、剑桥的年轻人在哈佛大学、耶鲁大学或普林斯顿大学进行为期一年的学习，以促进美国和英国的友好关系。这一想法吸引了亨利·戴维逊，美国几所大学也同意提供一年期的免费学习。该奖学金随后被吸纳入一个基金会。

1923年，经凯特·戴维逊同意，托马斯·拉蒙特开始为他的摩根银行合伙人和朋友撰写传记。1933 年，也就是 10 年后，《亨利·波默罗伊·戴维逊：充满意义的一生》由哈珀兄弟出版公司出版。在撰写过程中，拉蒙特遇到一个难题：戴维逊既不爱写信，也不喜欢写日记。正如马丁·伊根所写："他的毕生事业体现在个人会议和简短对话中。"[16]

1964 年，红十字会协会秘书长亨里克·比尔曾表示，国际组织创立之初常保持谨慎谦虚的态度。国际组织通常顶着各种压力成立并朝着创始人未曾设想的方向发展。然而，红十字会协会的情况"几乎恰恰相反"。[17] 1919 年，亨利·戴维逊清晰地阐明了红十字会协会的目标：

> 我们不仅要努力减轻人类的痛苦，还应预防痛苦。红十字关注的并非个体痛苦，而是全世界同胞的福祉。红十字不是暂时的存在，其工作必须永续。[18]

大卫·亨德森爵士、奥蒂斯·卡特勒、亨利·戴维逊在 3 年内相继去世。其中，奥蒂斯·卡特勒是戴维逊的商业伙伴，"一战"期间自愿加入美国红十字会，是戴维逊坚定的幕后支持者，承担了戛纳秘书处的大部分工作，并在戴维逊缺席时代理协会工作。[19] 他们

3 个人在许多方面都对红十字会协会做出了重要贡献。

戴维逊的罹病和去世是巨大的损失。亨利·戴维逊从一位不妥协的华尔街银行家转变成全球慈善家和人道主义倡导者，度过了其非凡的一生。英国红十字会领导人亚瑟·斯坦利说，战争和红十字会的经历使戴维逊"脱胎换骨"，从"顽固的金融家化身为效率极高的人道主义者"，致力于"个人牺牲和志愿服务"。[20] 1981 年，值美国红十字会百年庆典之际，亨里克·比尔再次写道："时隔 60 余载，很难想象这位信念笃定的先驱在追逐人道主义梦想的道路上克服了何种偏见和无知。"[21]

戴维逊在许多方面极富远见，尤其是在通过公私合作关系推进人道主义的设想，企业、政府和私营部门协作发展红十字会协会等人道主义组织，帮助重建世界方面。从某些层面来看，他同时展现出"美国外交最好的一面和最坏的一面"。戴维逊的美式风格时常招来批评。他不满于《日内瓦公约》的瑞士捍卫者。尽管如此，红十字会协会的诞生离不开他的决心、热情、乐观和创新策略。

临终前，戴维逊仍然认为红十字会协会注定要解散。然而，他建立红十字会协会的愿景终成现实，并在他去世后发扬光大。他的计划具有"预言性"，尽管直至第二次世界大战时，国际红十字运动才真正出现，而这一运动正反映了戴维逊关于红十字会协会的构想，即协会作为一个组织将"全世界人民聚集到一起，致力于让人们的日常生活变得更好、更健康、更幸福"。[22]

一百年过去了，2019年，红十字会与红新月会国际联合会拥有191个国家红会成员、1 100多万名志愿者、数千名员工，有着令人自豪的历史。2019年，位于日内瓦的新总部正式启用，设立永久纪念志愿者的纪念碑以纪念所有参与服务的志愿者，特别是向在救助行动中失去生命的人致敬。其中一个礼堂以亨利·戴维逊的名字命名。这一切都源于这位创始人多年前表现出的坚韧不拔的精神，后来者们也将沿着前人的足迹创造更多的成就。

几十年来，尽管人们认可亨利·戴维逊的成就，却很少公开提及。值此红十字会与红新月会国际联合会成立百年纪念之际，我们需要回顾并认可戴维逊的国际卫生组织愿景及他在红十字运动中发挥的重要作用。正如诺曼·霍华德-琼斯所言：

> 戴维逊是国际公共卫生领域的无名先驱之一。他创造性地提出构想并积极推动建立一个世界性组织以在全球各国开展疾病抗击工作。他的远见、理想和实际贡献已被遗忘，一代又一代人反复实践，却没有意识到，这都是戴维逊的想法。[23]

戴维逊从银行家转变为一位人道主义领袖，他不仅有远见，而且极富才能、热情和专业知识，勇于提出并实施创新的想法。他能够将人们聚集在一起，用自己的能量和热情鼓舞与激励他人。如果不是疾病缠身，英年早逝，他会与刚刚起步的红十字会协会保持更密切的联系，更深入地参与工作，那么红十字会协会和红十字运动的历史可能也会截然不同了。

第五章 去世及以后

亨利·波默罗伊·戴维逊大事记

1867年6月13日	出生于宾夕法尼亚州特洛伊
1883—1886年	就读于马萨诸塞州威廉姆斯镇的格雷洛克专科学校
1887年	加入位于特洛伊的家族银行
1888年	搬到康涅狄格州的布里奇波特,在佩克诺克国家银行担任出纳
1891年	搬到纽约市,入职阿斯特广场银行
1893年4月13日	与凯特·特鲁比结婚
1894年12月6日	加入自由国家银行
1896年2月7日	长子弗雷德里克·特鲁比·戴维逊出生
1898年4月3日	次子小亨利·波默罗伊·戴维逊出生
1898年9月6日	第三个孩子爱丽丝·特鲁比·戴维逊

亨利·波默罗伊·戴维逊 大事记

	出生
1900年1月9日	出任自由国家银行副行长
1901年5月16日	当选自由国家银行行长
1902年	出任纽约国家银行副行长
1903年3月30日	提出成立银行家信托公司
1903年11月11日	第四个孩子弗朗西斯·波默罗伊·戴维逊出生
1909年1月1日	成为摩根大通合伙人
1913年3月31日	老摩根于意大利去世
1913年4月2日	长岛孔雀角的府邸在大火中倒塌；修复期间，安排家人在船屋中暂住
1914年1月	进行非洲狩猎之旅，历时44天
1914年8月4日	英国向德国宣战

1914 年 11 月 26 日	戴维逊代表摩根大通公司前往伦敦
1915 年 6 月 12 日至 7 月	戴维逊代表摩根大通公司前往伦敦和巴黎，进行商务谈判
1916 年 9 月至 10 月	第三次代表摩根大通公司前往伦敦
1916 年	与妻子凯特·特鲁比和长子弗雷德里克·特鲁比·戴维逊共同组织耶鲁大学第一飞行队，训练年轻飞行员
1917 年 4 月 6 日	美国向德国宣战
1917 年 5 月 10 日	受威尔逊总统邀请，担任美国红十字会战时委员会主席
1917 年 6 月 18 日至 25 日	组织第一次世界大战募捐活动，为美国红十字会募集超过 1 亿美元资金
1917 年 7 月 28 日	长子弗雷德里克·特鲁比·戴维逊发生飞行事故

1917年10月至12月	戴维逊在美国展开四次筹款之旅
1918年3月至5月	赴法国、比利时、意大利、瑞士、英格兰开展美国红十字会活动；受到英国和意大利国家元首的接见
1918年5月16日	戴维逊返回家中
1918年5月20日至27日	组织第二次红十字战争募捐活动，募集资金达1.7亿美元
1918年7月	接待德川亲王和日本红十字委员会一行
1918年9月至11月	戴维逊返回欧洲
1918年11月11日	第一次世界大战停战，戴维逊在法国
1918年11月27日	戴维逊返回家中，后前往华盛顿主持停战期间的红十字活动
1918年12月2日	在白宫拜访威尔逊总统；戴维逊获准制订战后时期红十字会的国际合作计划

1918 年 12 月 16 日	戴维逊再次远航欧洲
1919 年 1 月 15 日	戴维逊要求美国红十字会拨款 500 万美元，作为计划资金，提升全世界范围内红十字组织的工作效率，美国红十字会最后仅拨款 250 万美元
1919 年 2 月 1 日	美国、法国、英国、日本、意大利的国家红十字会牵头成立红十字会委员会
1919 年 2 月 19 日	在巴黎的发布会晚宴上，戴维逊宣布红十字会委员会的成立及其计划
1919 年 2 月 28 日	卸任美国红十字会战争委员会主席一职
1919 年 3 月 26 日	威尔逊总统同意戴维逊的提议，即红十字会协会必须与国际联盟建立恰当的正式联系
1919 年 4 月 1 日至 11 日	召开戛纳医学会议
1919 年 4 月	参与撰写《国际联盟盟约》第 25 条关

	于国家红会组织的内容
1919年5月5日	在巴黎成立红十字会协会
1919年5月22日	戴维逊在欧洲度过5个月,后返回家中
1920年1月	《凡尔赛条约》批准后,国际联盟应运而生
1920年3月1日	30个国家红会加入红十字会协会*
1920年3月2日至8日	在日内瓦首次召开红十字会协会理事会,27个国家红会参会;戴维逊最后一次前往日内瓦
1920年6月	红十字会协会迁至巴黎
1921年8月17日	红十字会协会总干事大卫·亨德森去世
1921年8月21日	戴维逊接受首次手术
1921年8月	戴维逊辞去美国红十字会中央委员会和执行委员会的职务

1922年3月	戴维逊正式辞去红十字会协会的理事会职务
1922年5月6日	戴维逊在纽约家中接受第二次手术，在手术过程中去世，享年54岁
1922年5月9日	戴维逊的葬礼在位于蝗虫谷的圣约翰圣公会教堂举行
1922年5月28日	戴维逊的追悼会在位于华盛顿特区的美国红十字会总部举行
1962年1月31日	凯特·特鲁比·戴维逊在孔雀角的家中离世，享年90岁

＊阿根廷、澳大利亚、比利时、巴西、加拿大、中国、古巴、捷克斯洛伐克、丹麦、法国、英国、希腊、荷兰、印度、意大利、日本、新西兰、挪威、秘鲁、波兰、葡萄牙、罗马尼亚、塞尔维亚、西班牙、南非、瑞典、瑞士、美国、乌拉圭、委内瑞拉。

亨利·波默罗伊·戴维逊

史料文献

第一章

1　James B. Morrow, 'The Millions of Mercy', Nation's Business, June 1917, p.22; Thomas W. Lamont, *Henry P. Davison: The Record of a Useful Life* (New York and London: Harper and Brothers Publishers, 1933).

2　Bertie C. Forbes, *The Men who are making America Great* (NY: Forbes Publishing Co, 1917), p.47.

3　Morrow, p.22.

4　Archie Butt, *Taft and Roosevelt: The Intimate Letters of Archie Butt*, vol.1 (Garden City, NY: Doubleday, 1930), p.298.

5　Forbes, p.51.

6　Merryle Stanley Rukeyser, 'Vivid Personality of Davison made Banker's Life a Romance', *New York Tribune*, 7 May 1922.

译者注：为方便读者获取本书更多相关信息，"史料文献"部分未做翻译及修改，保持原著格式。

7 *Chicago Herald Tribune*, 7 May 1922.

8 Edwin Wildman, 'H. P. Davison: the man behind the Red Cross,' *The Forum*, September 1917, p.258. Henry Pomeroy Davison (hereafter HPD) Papers, Box 4, NAA, Washington DC.

9 Lamont, p.15.

10 'Recalls School Days with H. P. Davison', *Troy Gazette Register*, 12 February 1913.

11 Davison's eldest sibling, Fanny Bell Davison, died in 1864 two months shy of her first birthday. His youngest sister Henrietta was unofficially adopted by their aunt and uncle and took the surname Pomeroy.

12 Lamont, p.20.

13 Lamont, p.22.

14 Morrow, p.22.

15 A valedictorian is a student who delivers the valedictory at a graduation ceremony.

16 Lamont, p.25.

17 Edwin Wildman. 'H. P. Davison: The Man Behind the Red Cross', *The Forum*, pp.253-264. HPD Papers, Box 4, NAA, Washing-

ton DC.

18　Lamont, p.28.

19　Morrow, p.22.

20　'Dinner tendered for Mr Henry Pomeroy Davison by the Business Men of Troy, Pennsylvania, 12 January 1918'［Commemorative booklet］, HPD Papers, Box 4, NAA, Washington DC.

21　Eric Hrin, '"Distinguished Alumni" inductees honored in Troy', *McClatchy-Tribune Business News*, 19 November 2011.

第二章

1　Jear. Strouse, *Morgan: American Financer* (New York: Random House, 1999), p.587; The Morgan Library and Museum, htttp://the-morgan.org, accessed 29 November 2018.

2　Bertie C.Forbes, The Men who are making America Great (NY: Forbes Publishing Co, 1917), p.47.

3　Forbes, p.50.

4　Strouse, p.603.

5　Andrew Gray, 'Harry Davison, Banker', *Bankers Magazine*, vol. 167, no.4(July/August 1984), p.49.

6　Gray, p.49.

7　Paul Warburg, cited in Thomas W. Lamont, *Henry P. Davison: The Record of a Useful Life* (New York and London: Harper and Brothers Publishers, 1933), p.101.

8　Merryle Stanley Rukeyser, 'Vivid Personality of Davison made Banker's Life a Romance', *New York Tribune*, 7 May 1922.

9　Lamont, p.97; Strouse, p.626.

10　Priscilla Roberts, 'The First World War as Catalyst and Epiphany: The Case of Henry P. Davison', *Diplomacy and Statecraft*, vol.18, no. 2, 2007, p.318; Lamont, pp.116-21.

11　Vincent P. Carosso, *The Morgans: Private International Bankers 1854-1913* (Cambridge: Harvard University Press, 1987), pp.627-641.

12　Strouse, p.5.

13　J.P.M's Pujo testimony, cited in Strouse, p.669.

14　'Testimony of Mr Henry P. Davison: United States Congress Committee on Banking and Currency, Money Trust Investigation', [s.

n.], 1913; Lamont, p.143.

15　Lamont, p.40.

16　Nassau County Chapter Centenary booklet, 1981, HPD Papers, Box 5, folder 1, NAA, Washington DC.

17　'Mrs Henry P. Davison, 90, dies,' *New York Times*, 1 February 1962.

18　Cable from Henry Davison to J.P. Morgan Sr, 11 April 1912, cable book, HPD Papers, Box 4, NAA, Washington DC.

19　'H. P. Davison home destroyed by fire,' *New York Times*, 3 April 1913.

20　Cable from Henry Davison to Mary Davison, 7 April 1913, cable book, HPD Papers, Box 4, NAA, Washington DC.

21　'Mrs H.P. Davison Starts Aero Fleet,' *New York Times*, 24 August 1916.

22　'F. T. Davison Falls from Air into Bay,' *New York Times*, 29 July 1917.

第三章

1 Notes from the diary of Colonel House, 29 April 1917, Harry P. Davison folder 1, Box 30, Vincent P. Carosso Papers(Carosso), ARC 1214, Archives of The Pierpont Morgan Library (The Morgan Library), New York.

2 HPD tribute, date and author unknown, Box 5, Obituaries, HPD Papers, NAA, Washington DC. House arranged for Davison and Cleveland Dodge (great friend of Wilson's from Princeton days) to meet the President. On 8 May, Dodge telephoned House to say that Davison and his associates were 'ready to go ahead with the Red Cross work'.

3 Letter from Wilson to Davison, 10 May 1917. Davison had already received notification of invitation as per Davison telegram to Edward J Fox, 8 May 1917. HPD Papers, May 1917, American War Council, Box 5, folder 8, NAA, Washington DC.

4 See, for example, *Daily Journal*, *Portland*, Oregon, 2 November 1917, see HPD Papers, May 1917, American War Council, Box 5, fold-

er 8, NAA, Washington DC.

5　Letter to 'Teddy' (E.C.Grenfell) 21 May 1917, Harry P. Davison folder 1, Box 30, Thomas W. Lamont (TWL) in Carosso Papers, ARC 1214, The Morgan Library.

6　Letter from E. Grenfell to Neville Henderson, British Legation, Cairo, 16 Feb 1925, Harry P. Davison folder 1, Box 30, Carosso Papers, ARC 1214, The Morgan Library.

7　Letter to Egan from George Case, 1 May 1925, re feedback on Red Cross chapter for Davison biography, Davison, Henry P., biographies, Box 12, Martin Egan Papers, ARC 1222, The Morgan Library.

8　Thomas Lamont, *Henry P. Davison: The Record of a Useful Life* (New York and London: Harper & Brothers, 1933), p.2.

9　Davison to Major H. O. Beatty, Red Cross France, 7 January 1919, Reel 102. Box 75, folder 2. Chairman of the War Council, HPD correspondence, Washington DC, 1918-1919, American National Red Cross records (microfilm in Hoover Institute Archives, Stanford University).

10　See Julia Irwin, *Making the World Safe: The American Red Cross and a Nation's Humanitarian Awakening* (New York: Oxford University Press, 2013), p.139 and chapter 3.

11　TWL Papers, Davison P., 1918-19. May 1917, Notes of HPD's achievements, Box 30. Harry P. Davison Folder 1, ARC 1214, Carosso Papers, The Morgan Library.

12　*Times Denver* (Colorado), 24 October 1917.

13　Martin Egan (1872-1938), American journalist and businessman, reporter for Associated Press, and editor of the *Manila Times* (1908-1913). From 1914, he served as the principal assistant to several senior J.P. Morgan partners including Lamont, Davison, Dwight Morrow and Edward Stettinius. In 1918, he was General John Pershing's (Commander of American Expeditionary Forces on Western Front) top assistant for public relations.

14　Lamont, p.274.

15　*Boston Mass News Bureau*, 18 March 1918, HPD Papers, Box 10, scrapbook of WWI, NAA, Washington DC.

16　27 Feb 1918.

17　Letter from E. Grenfell to Neville Henderson, British Legation,

Cairo, 16 Feb 1925, Harry P. Davison folder 1, Box 30, Carosso Papers, ARC 1214, The Morgan Library.

18　Rome, 9 April 1918 cable to Washington, American National Red Cross records, microfilm Reel 132 Box 95, Hoover Institute Archives, Stanford University.

19　10 Oct 1918. Statement of HPD in Italy, 10 October 1918, microfilm Reel 132 Box 95, American National Red Cross records, microfilm Reel 132 Box 95, Hoover Institute Archives, Stanford University.

20　*New York Times*, 21 July 1918.

21　Cable to Davison 27 Nov 1918, American National Red Cross records, microfilm Reel 160, Box 115, Hoover Institute Archives, Stanford University.

22　Letter from Davison to Egan, 8 July 1918, folder: 'Davison, Henry Pomeroy, 1914-1924', Box 12, Martin Egan Papers, ARC 1222, The Morgan Library.

第四章

1　Clyde E. Buckingham, *For Humanity's Sake* (Washington, DC: Public Affairs Press, 1964), p.24.

2　Letter from Davison to Harvey Gibson, en route to New York, 22 November 1918, HPD Papers, Box 6, NAA, Washington DC. See also Melanie Oppenheimer, '"A Golden Moment?": The League of Red Cross Societies, the League of Nations and contested spaces of internationalism and humanitarianism, 1919-22' in Joy Damousi and Patricia O'Brien (eds), *League of Nations. Histories, Legacies and Impact* (Melbourne: Melbourne University Press, 2018), pp.47-48 and Buckingham, pp.22-24.

3　Oppenheimer, p.49.

4　Buckingham, p.26.

5　Letter from Wilson to Davison, 3 December 1918, HPD Papers, Box 3, NAA, Washington DC.

6　Buckingham, p.27.

7 The title of the study was 'The Red Cross and the development of International Law'. See George Milson, 'Origin of an Idea of a Federation of Red Cross Societies', Geneva, 30 October 1922, HPD Papers, Box 1, NAA, Washington DC.

8 David Forsythe, *The Humanitarians* (Cambridge: Cambridge University Press, 1977), p.36. See also Arata Ninagawa, 'Japan's Contribution to the Foundation of the League', *The World's Health*. vol.10, no. 2, April-June 1929, pp.131-137.

9 From the diary of Dr Grayson, 10 Jan 1919, Harry P. Davison folder 1, Box 30, Carosso Papers, ARC 1214, The Morgan Library, New York.

10 Statement of Davison, Chairman on behalf of the ARC War Council on its retirement 1 March 1919, HPD Papers, Box 4, NAA, Washington DC.

11 Letter from Davison to Morgan, 18 January 1919, Hotel Carlton, Cannes, HPD Papers, Box 3, NAA, Washington DC.

12 Letter from Davison to Morgan, 18 January 1919, Hotel Carlton, Cannes, HPD Papers, Box 3, NAA, Washington DC.

13 Letter from Wilson to Davison, 7 January 1919, HPD tribute, date and author unknown, HPD Papers, Box 5, NAA, Washington DC.

14 'The Committee of Red Cross Societies, Memorandum Submitted by Henry P. Davison, Chairman, Committee of Red Cross Societies consisting of Representatives of the Red Cross Societies of France, Great Britain, Italy, Japan and the United States', HPD Papers, Box 3, NAA, Washington DC.

15 Letter from Davison to ICRC, 3 May 1919, HPD Papers, Box 1, NAA, Washington DC.

16 Letter from Lawley to Davison, 21 February 1919; Letter from Davison to Lawley, 3 March 1919, HPD Papers, Box 6, NAA. See also Priscilla Roberts, 'The First World War as Catalyst and Epiphany: The Case of Henry P. Davison', *Diplomacy and Statecraft*, vol.18, no. 2, 2007, p.335.

17 Letter from Davison to Wilson, 14 March 1919, HPD Papers, Box 5, NAA, Washington DC.

18 Letter from Wilson to Davison, 26 March 1919, HPD Papers, Box 3, NAA, Washington DC. Partnering with the League of Nations was

supported by others such as Ninagawa who later recalled his suggestion to Davison that 'The Humanitarian League of Nations' was a suitable name for the new organisation. See Ninagawa, 'Japan's Contribution to the Foundation of the League', p.136.

19　Telegram Otis H. Cutler to Davison where Rappard made mention of this suggestion, 3 April 1919, HPD Papers, Box 5, NAA, Washington DC.

20　Strong thought the idea was to establish an international Council and Bureau of Hygiene and Sanitation. See letter from Colonel R. P. Strong to Major Garvin, 12 March 1919, Cannes Medical Conference, 1-11 April 1919, Miscellaneous, IFRC Archives, Geneva.

21　*Proceedings of the Medical Conference held at the Invitation of the Committee of the Red Cross Societies, Cannes, France, April 1 to 11, 1919* (Geneva: LRCS, 1919), p.12.

22　For a longer discussion of the Cannes Conference, see Oppenheimer, pp.53-60.

23　Cable Davison to Marshall [PR person], 5 April 1919. Folder 8. Cannes Conference 1919: Incoming Cables March-April 1919, LRCS

Miscellaneous Records, 1919-1922, Coll. no: 28017, Hoover Institute Archives, Stanford University.

24　Letter Davison to Wilson, 13 April 1919, Cannes, HPD Papers, Box 3, NAA, Washington DC.

25　*Bulletin of the League of Red Cross Societies*, vol.1, no.1, 1919, pp.1-4.

26　Red Cross news release, 13 May 1919, Folder 36, publicity, LRCS Miscellaneous Records, 1919-1922, Coll.no: 28017, Hoover Institute Archives, Stanford University.

27　For name of George Vincent see Embree diary entry 3 December 1918 in Jaime Lapeyre, 'The Idea of Better Nursing: The American Battle for Control over Standards of Nursing Education in Europe, 1918-1925, PhD, University of Toronto, 2013, pp.14-15. Embree, who was Secretary of the Rockefeller Foundation, wrote that Vincent discussed the offer from Davison to lead his 'new' organisation with himself and others before declining. This occurred in early December 1918, more evidence of Henry Davison thinking ahead.

28　Described in Buckingham, chapter 10, 'The search for a leader', especially pp.76-78.

29　Stanley mentions this but doesn't mention the name of the individual. He states that US Ambassador to Turkey, Henry Morgenthau attended informal meetings where these issues were discussed. See Hon. Sir Arthur Stanley, 'The Start', *The World's Health*, vol.10, no. 2, April-June 1929, p.140.

30　The League received financial assistance from national societies in Spain, Australia, France and England as well as the US but it was small in comparison to the efforts of other voluntary organisations such as the American Red Cross itself, YMCA, YWCA, the American Friends Service Committee and the Jewish Joint Distribution Commitee.

31　Davison to Henderson, 6 August 1919, quoted in Buckingham, pp.108-9.

32　Letter from Henderson to Davison, 22 August 1919, LICROSS 9 Cour de Saint-Pierre, HPD Papers, Box 7, NAA, Washington DC.

33　*New York Times*, 23 May 1919.

34　Buckingham, p.101.

35　Letter from Eliot Wadsworth to Sir David Henderson, 20 April

1920, HPD Papers, Box 5, NAA, Washington DC.

36　Susie J. Pak, *Gentlemen Bankers. The World of J. P. Morgan* (Cambridge: Harvard University Press, 2013), p.257.

37　Sir Arthur Stanley, Address before the General Council, LRCS, 31 March 1922, HPD Papers, Box 3, NAA, Washington DC.

38　Presentation by American Red Cross employee to Davison, date unknown, HPD Papers, Box 5, NAA, Washington DC.[Feb 1919? has been handwritten in pencil on this document but Davison was in Europe in February 1919].

39　Letter from George Case to Egan, 1 May 1925, Folder Davison, Henry P., biographies, Martin Egan Papers, ARC 1222, The Morgan Library, New York.

第五章

1　HPD Papers, Box 4, NAA, Washington DC.

2　This was a distinctly culturally orientated diagnosis of the nineteenth and early twentieth centuries attributed to individuals including overworked American businessmen. It was often used during the First World War for diagnoses for soldiers suffering from what we now call shell shock or PTSD. J. P. Morgan senior was also diagnosed with neurasthenia.

3　Quoted in Clyde E.Buckingham, *For Humanity's Sake* (Washington, DC: Public Affairs Press, 1964), pp.164-166.

4　Papers concerning League of Red Cross Societies, 1921-1930, Box 16, Coll. No.60017, Tracy Barrett Kittredge Papers, Hoover Institute, Stanford University. Kittredge was on staff of the League from 1920-31.

5　Quoted in Buckingham, pp.164-166.

6　'The noble vision of an American Banker' *Tax Digest*, Feb.1927 by 'a former Red Cross Worker', HPD Papers, Box 5, NAA, Washington DC.

7　Folder: 'Davison, Henry Pomeroy, 1914-1924', Box 12, Martin Egan Papers, ARC 1222, The Morgan Library, New York.

8　Letter from Davison to Payne, 3 February 1922, HPD Papers, Box 5, NAA, Washington DC.

9　Letter from Davison to Payne, 3 February 1922, HPD Papers, Box 5, NAA, Washington DC.

10 TWL Papers, Letter from Lamont to Teddy Grenfell, 4 April 1922, 'Harry P. Davison' Folder 1, Box 30, ARC 1214, Carosso Papers, The Morgan Library, New York.

11 Letter from Egan to John Gavit, 20 June 1927, Folder: Davison, Henry P., biographies, Box 12, Egan Papers, Call No: ARC 1222, The Morgan Library, New York.

12 Thomas Lamont, *Henry P. Davison: The Record of a Useful Life* (New York and London: Harper & Brothers, 1933), p.331.

13 TWL Papers 91-5 Davison, Henry P., 1922. Telegram from Morgan to Lamont in London informing him of Davison's death, Box 30, Carosso Papers, Call No: ARC 1214, The Morgan Library, New York.

14 Lamont, p.331.

15 *New York Tribune*, 9 May 1922, clipping in HPD Papers, Box 5, NAA, Washington DC.

16 Letter from Egan to John Gavit, 20 June 1927, Folder: Davison, Henry P., biographies, Box 12, Egan Papers, Call No: ARC 1222, The Morgan Library, New York.

17 Foreword, Buckingham, p.vi.

18　Buckingham, p.vi.

19　See Buckingham.

20　Priscilla Roberts,'The First World War as Catalyst and Epiphany: The Case of Henry P. Davison', *Diplomacy and Statecraft*, vol.18, no. 2, 2007, p.337.

21　Tribute to the Davisons by Nassau County Chapter of ARC. Centenary booklet, 1981, HPD Papers, Box 5, NAA, Washington DC.

22　Kate Davison, 'Mr Davison's Idea', *The World's Health*, vol. 10, no.2, April-June 1929, p.130.

23　Normar. Howard-Jones, *International Public Health between the Two World Wars – The Organisational Problems* (Geneva: WHO, 1978), p.13. Norman Howard-Jones was director of Editorial and Reference Services, World Health Organisation (WHO), 1948-1970.